大学生职业生涯与发展规划

主　审　张　浩
主　编　姚圣梅　邱　健　韦一文
副主编　叶作龙　李艺茵　黄婉瑜
参　编　蔡婷婷　陈钰琳　岳锦波　陈茂林
　　　　李　炯　陈云鹏　邓　慧　周　蕾

中国言实出版社

图书在版编目（CIP）数据

大学生职业生涯与发展规划 / 姚圣梅，邱健，韦一文主编 . -- 北京 : 中国言实出版社，2023.8

ISBN 978-7-5171-4540-0

Ⅰ . ①大… Ⅱ . ①姚… ②邱… ③韦… Ⅲ . ①大学生—职业选择 Ⅳ . ① G647.38

中国国家版本馆 CIP 数据核字（2023）第 132727 号

大学生职业生涯与发展规划

责任编辑：佟贵兆
责任校对：宫媛媛

出版发行：中国言实出版社
地　址：北京市朝阳区北苑路 180 号加利大厦 5 号楼 105 室
邮　编：100101
编辑部：北京市海淀区花园路 6 号院 B 座 6 层
邮　编：100088
电　话：010-64924853（总编室） 010-64924716（发行部）
网　址：www.zgyscbs.cn　电子邮箱：zgyscbs@263.net

经　销：新华书店
印　刷：清淞永业（天津）印刷有限公司
版　次：2023 年 8 月第 1 版　2023 年 8 月第 1 次印刷
规　格：787 毫米 ×1092 毫米　1/16　12.5 印张
字　数：270 千字

定　价：39.90 元
书　号：978-7-5171-4540-0

前言

大学生是祖国的未来、民族的希望，是加快建设教育强国、科技强国、人才强国的生力军。每个人都有属于自己的职业生涯，择业与就业是每一位大学生都会遇到的一个非常现实的问题，也是摆在大学毕业生面前的一个重要课题。大学生能否高质量就业，关系到我国高等教育的发展，关系到经济的增长和社会的稳定。当前，世界百年未有之大变局加速演进，新一轮科技革命和产业变革深入发展。大学生要牢牢把握变局给中华民族伟大复兴带来的重大机遇，清楚地认识到实现“第二个百年”奋斗目标，需要高层次、高素质技术技能人才的社会现实，在大学期间要科学合理地做好自己的职业生涯规划，掌握丰富的知识和技能，努力寻找与自己的能力、兴趣、性格及价值观等相匹配的职业类型，积极投身于职业社会中来。

科学合理地进行职业生涯规划是大学生通向事业成功的前提与基础。首先，科学合理的职业生涯规划可以帮助大学生充分地认识自己，从而选择适合自己的职业。其次，科学合理的职业生涯规划还能对大学生起到一定的督促与激励作用，使大学生产生学习的动力，提高学习的积极性与主动性，向自己的目标不断努力。再次，科学合理的职业生涯规划有助于大学生充分地了解职场需求，从而提高大学生的综合素质，使其成为社会需要的人才。最后，也是最重要的是可以促使大学生早规划、早准备，从而避免就业前的茫然失措和焦虑紧张。大学生是职业生涯规划的主体，大学生只有对自己进行了客观分析与评价，才能有效地实现人职匹配，只有对自己的职业生涯规划进行了科学地评估与调整，才能最终获得事业上的成功。

《大学生职业生涯与发展规划》主要有如下五大特色：

一是本书特别适用于职业本科高校学生。为了探索和践行适应职业本科高校学生的职业生涯规划教学的新思路、新方法和新途径，本书在编写过程中，既注重职业规划理论的学习和掌握，又强调用理论来指导实践，并具有为未来实习就业做好规划及准备的实践性和操作性。

二是结构环环相扣，内容丰富实用，适用于开展项目式教学。编写团队结合就业教育课程教学的理论和实践，总结归纳了教学中的重点和难点及教学经验中的亮点及优势，探索形成了由四章组成的逻辑严密、由浅入深、环环相扣的篇章结构，适合开展以每位同学撰写一本职业规划书为考核方式的项目式教学。

三是本书是“行企校”联合开发编写的新尝试。由教学一线的专任教师、行业协会、企业总裁参与共同编写，融入了行业和企业对求职者的需求和素质要求的最新动态和趋势，更加有利于学生加强职场探索和产教融合的具体实施。

四是本书是一本新形态教材。为了提高教学效果，本书采用了信息化教学手段，将教学中需要的一些微课教学短视频及需要开展的一些职业测试等教学资源做成二维码穿插入纸质版教材中，方便学生自学、自我测试及复习操练，可以帮助学生更加科学地开展自我探索和职业决策。

五是强化课程思政。每章的学习目标专门设置了思政目标，每章的教学内容前设计安排了“思政课堂”导读。

由于编写人员水平有限，本书难免存在疏漏之处，敬请广大读者批评指正。

编　者

2023 年 4 月

第一章 认识职业生涯规划

学习目标

知识目标

1. 了解职业生涯规划的相关概念。
2. 了解职业生涯规划的发展、分类及其对大学生的意义。
3. 熟悉职业生涯选择理论、职业生涯发展理论及职业生涯决策理论。
4. 了解职业生涯规划大赛。

思政目标

1. 树立正确的人生观、价值观和就业观。
2. 树立职业生涯规划的观念和意识。
3. 对确立自身发展目标的重要性有正确的认知。

第一节 职业生涯规划概述

一、什么是职业生涯规划

（一）生涯

1. 生涯的含义

生涯一词并不陌生，“艺术生涯”“戎马生涯”等词汇常常被人们挂在嘴边。庄子曰：“吾生也有涯，而知也无涯。”南宋诗人陆游在《秋思》中写道：“身似庞翁不出家，一窗自了淡生涯。”这两句话都包含了生涯的意义：生涯是人生的两个端点——生死之间所有的生活内涵。

生涯的英文是career，意思是指两轮马车、战车，最初为动词，隐含有未知、冒险、奋力拼搏等意义。后引申为道路，也就是人生的发展道路、人生的发展历程。

美国职业管理学家萨柏（Super）认为：生涯是生活里各种事态的演进方向和历程，它统合了人一生中的各种职业和生活角色，由此表现出个人独特的自我发展形态，是一个人在一生中所扮演角色的整个过程；这些角色包括儿女、学生、休闲者、公民、工作者、配偶、家长、父母及退休者等，而这九个角色在四个主要场所——家庭、小区、学校及工作场所中扮演。一个人在一生中所扮演的诸多角色，就如同一条彩虹同时具有多条色带。简单地说，生涯是指个人通过从事工作所创造出的一个有目的、延续一定时间的生活模式，或者说，生涯就是一个人终生的经历。这一模式由三个层面构成。

（1）时间。时间指个人的年龄或生命的过程，又可细分为成长、试探、建立、维持、衰退等阶段。

（2）广度和范围。广度和范围指每个人一生所扮演的各种不同的角色，如小孩、学生、公民、家长、工作者、领导者等。

（3）深度。深度指个人投入的程度。

所以，生涯确定并阐述了个体所涉及的各种角色、所处的各种环境以及在他们生活中所经历的各种有计划或者非计划的事件，确定了生活里各种事态的连续演进方向，统合了人一生中依序发展的各种职业和生活角色。

2. 生涯的特点

生涯并不局限于个人的职业角色，尽管与职业相关，但比职业的内涵更加丰富，它涵盖了更长的时间，既包括就业前的活动，也包括离开工作后的生活。了解生涯的特性，有助于认识生涯的本质，以便更合理地规划人生，从而在面对变化时能坦然以对。

（1）独特性。就像世界上没有两片相同的叶子，人与人之间也绝不会完全相同。因此，每个人的生涯发展都是独一无二的，是依据个人的人生理想，为了自我实现而逐渐展开的一种生命历程。

（2）阶段性。生涯可以分成不同的阶段，每个阶段又可以分成若干个小的阶段，每个阶段都有各自的目标和任务。

（3）发展性。生涯是人生发展的整个历程，贯穿人从生到死的过程，且在人生发展的不同阶段呈现不同的形态和特点，因而具有发展性，且随着个人成长、经验积累、社会发展而变化。既然生涯是一个人一生中各种角色的统合，因此，在生涯发展过程中，必定会在不断地角色扮演中寻找自我，发掘人生的意义与方向。

（4）全面性。生涯是一个人从生到死一辈子的事情，包含少年求学、青年就业、老年退休等。生涯包含人生整体发展的各个层面，对一个人生涯规划所考虑的点、线、面极为广泛，几乎无所不包。

（5）主动性。生涯不等于生命，植物有生命，动物也有生命，但这些却和人的生涯不同，人可以在自己的一生中主动去探索、去追求、去规划。

（6）连续性。人生不能喊停，每天都在继续。

（7）方向性。人生没有彩排，每天都是现场直播，时光不能倒流。

（二）工作与职业

1. 工作

工作是一种活动，是一种能够为自己或他人创造价值的活动。工作主要包括工资工作、报酬工作、家政工作、志愿工作、学习工作等。

（1）工资工作（Wage Work）是指依据时间和努力而获取酬劳的工作。

（2）报酬工作（Fee Work）是指根据工作结果获取酬劳的工作。

（3）家政工作（Home Work）是指在家里从事的工作。例如，抚养儿童或修剪草坪。

（4）志愿工作（Gift Work）是指从事志愿的或慈善的工作。

（5）学习工作（Learning Work）是指研习新技能。

2. 职业

我国职业教育的奠基人、著名的职业教育实践家黄炎培先生说：“一方为己治生，一方为群服务，人类间凡此确定而又系统的互助行为，皆是也。”也就是说，职业是人们在社会中所从事的有稳定、合法收入的活动，既是人们为社会做贡献、实现人生价值的舞台，也是人们谋生的手段。

职业是社会与个人的连接点，反映了个人在社会中的位置。个人通过职业与特定的人群建立联系。职业往往同个人的权利和经济利益相伴随。其含义主要集中在以下两个方面：首先，作为职业，一定要满足其社会性的一面，即职业活动中的从业人员应该达到一定的数量，从业者为社会提供的服务或产品应该满足社会上许多人的需要；其次，职业活动的基本目的是未来获取一定的生活来源，也就是取得赖以生存的物质或现金报酬。二者缺一不可。严格地说，一种工作如果能够被称为职业，则需要同时具备以下七个特征。

（1）目的性。目的性即职业以获得现金或实物等报酬为目的。

（2）社会性。社会性即职业是从业人员在特定的社会生活环境中所从事的一种与其他社会成员相互关联、相互服务的社会活动。

（3）相对稳定性。相对稳定性即职业往往是在一定的历史时期内形成的，并具有一个相对较长的生命期。

（4）规范性。规范性即职业必须符合国家法律和社会道德规范。

（5）群体性。群体性即职业必须具有一定的从业人数。

（6）技能性。技能性即职业活动可以发挥个人的才能和专长。

（7）动态变化性。动态变化性即任何一种职业都将随着时间的推移、环境的变化而不断变化。

随着社会的发展，职业也在发生着变化，并表现出了不同的特点，见表1-1。

表1-1　职业特点的变化

旧职业的特点	新职业的特点
全是永久性合同	兼职临时合同
保障就业	不保障就业
从一而终的职业选择	不断变化的职业选择
终身职业	多个职业
终身的组织	多个或没有组织
有规律地提升	可雇佣性的维持
多种水准的等级制度	层次减少的金字塔
可预测工作移动方向	不可预测工作移动方向
内部劳动力市场	外部劳动力市场
组织管理职业	个人管理职业
组织开发员工	员工自己开发自己
国内职业	国际职业

（三）生涯发展

生涯发展是一个终身过程，在这个过程中，人们通过所从事的职业角色，可以发展出自身的信念、价值观、能力、兴趣、人格特征和对工作世界的认识。

生涯发展是一个很大的概念，它受社会、经济、心理健康和个性、教育水平和经历、生理能力和特质、资金和财政资源、团队关系和社会阶层及各种机遇因素的影响。所有这些个人内在的和外在的因素结合起来会影响一个人生涯道路展开的方式。很重要的一点是，这些因素中的任何一个都无法单独决定一个人的生涯，但这些因素以复杂的方式结合起来就可以塑造一个人的整个生涯。

（四）职业生涯

职业生涯是一个人一生中所有与职业相联系的行为与活动，以及相关的态度、价值观、愿望等连续性经历的过程，也是一个人一生中职业、职位的变迁及工作理想的实现过程。简单地说，职业生涯就是一个人终生的职业经历。

职业生涯与职业不同，职业生涯是一个发展的概念，是一个动态的过程，它不仅包括一个人的过去、现在和未来那些可以实际观察到的连续从事的职业发展过程，还包括一个人对职业生涯发展的见解和期望。职业生涯可分为内职业生涯与外职业生涯。

内职业生涯是指在职业生涯发展中通过提升自身素质与职业技能而获取的个人综合能力、社会地位及荣誉的总和，是别人无法替代和窃取的人生财富。

外职业生涯是指在职业生涯过程中所经历的职业角色（职位）及获取的物质财富的总和，是依赖于内职业生涯的发展而增长的。

（五）职业生涯规划

职业生涯规划是指个人发展与组织发展相结合，对决定一个人职业生涯的主客观因素进行分析、总结和测定，确定一个人的事业奋斗目标，并选择实现这一事业目标的职业，编制相应的工作、教育和培训的行动计划，对每一步骤的时间、顺序和方向做出合理的安排。

从定义中不难看出，职业生涯规划的前提条件是个人的发展与组织的发展相结合，这一点强调的是个人的发展目标要与组织的发展目标相一致，如果一个人的职业生涯规划脱离了其所在的组织，就失去了意义。

1. 职业生涯规划的特性

（1）可行性。规划要有事实依据，目标不能是美好幻想或不着边的梦想，而应是经过努力能够实现的，否则将会延误生涯良机。

（2）适时性。规划是预测未来的行动，确定将来的目标，因此各项主要活动在何时实施、何时完成，都应有时间和时序上的妥善安排，以作为检查行动的依据。

（3）适应性。规划未来的职业生涯目标，牵涉到多种可变因素，因此规划应有弹性，以增加其适应性。

（4）连续性。规划要考虑到生涯发展的整个历程，人生每个发展阶段应能持续连贯性衔接。

（5）清晰性。保证目标与措施的清晰和明确，可以按部就班地具体实施计划以达到目标。

（6）长远性。规划应该从大方向着眼，尽可能制订远期目标。

（7）挑战性。如果目标在原地踏步不前，规划则失去了原本的意义，也无法激励自己前进，因此，规划的目标应是“跳一跳能够得着”的，富有一定的挑战性。

（8）动态性。职业生涯规划不是一成不变的，而是一个动态变化的过程。内外部环境的变迁，个人条件的变化，都会对职业生涯规划产生影响，职业生涯规划需要根据环境和条件的变化不断地进行评估和调整。

2. 职业生涯规划的原则

（1）清晰性原则。考虑目标、措施是否明确？实现目标的步骤是否符合实际？

（2）挑战性原则。目标或措施是否具有挑战性？

（3）激励性原则。目标是否符合自己的性格、兴趣和特长？是否能对自己产生内在激励作用？

（4）求实原则。实现职业生涯目标的途径很多，在做规划时必须考虑到自身特质、社会环境、组织环境和其他相关因素，选择切实可行的途径。

二、职业生涯规划的分类

为了更好地实行职业生涯规划，适应不同的需求，职业规划可分为人生规划、长期规划、中期规划和短期目标四种类型。

（一）人生规划

人生规划是时间跨度最长的规划，设定整个职业生涯的发展目标，如规划成为一个资深律师、成为拥有数亿资产的公司董事长等。人生规划是职业生涯规划的最终目标，往往需要终其一生才能实现。人生规划涵盖求学阶段的学业规划、进入职场的职业规划、退休后的生活规划等阶段。人生规划由于时间跨度长，在发展过程中影响因素多，存在很多不可预料的变化，需要经常总结、反馈、完善和加强，以保持大方向不发生改变。

（二）长期规划

长期规划一般是 5 ～ 10 年，主要规划较长远的发展目标，如规划成为一个大公司部门经理、创办的企业规模达到多少等。长期规划时间也较长，影响因素也较多，其发展过程中需要考验人们的耐心、智力和应变能力。长期规划从属于人生规划，长期规划目标的完成有利于人生发展目标的实现。

（三）中期规划

中期规划一般是 2 ～ 5 年内的发展目标，如毕业后考上研究生、创办一家公司等。中期规划时间相对较短，只要规划的目标切实可行，一直努力，还是比较容易实现的。

（四）短期目标

短期目标是指 2 年之内的发展目标，如学习阶段规划 2 年内掌握某种专业知识、获得奖学金、获得优秀学生干部称号等。短期规划时间短，可变因素较少，如果能集中精力，努力实践，目标往往能够实现。对于较难完成的目标，如果划分成几个短期目标，一个目标一个目标地完成，在一定程度上会减轻压力，也有利于实现最终目标。

三、大学生职业生涯规划的意义

（一）立志成才 —— 帮助大学生树立正确的人生观、价值观和就业观

高校毕业生是国家宝贵的人才资源，是实现中华民族伟大复兴的生力军。大学生应该以科学的方法来正确地、全面地认识自我，了解社会对人才的需要，将个人理想和追求同国家的需要紧密结合起来，树立正确的世界观、人生观、价值观和就业观，确定自己的发展方向与目标。

（二）实现理想 —— 促进大学生明确职业发展目标

美国成功学家拿破仑・希尔在《思考致富》一书中说道："所有成功都必须确立一个明确的目标，当对目标的追求成为一种执着时，所有的行动都会朝这个目标奋进。"一个人追求的目标越高，其才能发展得越快。职业生涯规划有助于大学生通过对自己的综合优势与劣势进行分析和对外部职业环境和社会发展形势的了解，评估个人目标与现状之间的距离，学会运用科学的方法，设定明确的职业发展目标，采取切实可行的计划和步骤，不断提高自己的综合素质，从而实现自己的理想。

（三）建功立业 —— 帮助大学生充分发掘潜能

做好职业生涯规划可以帮助大学生正确地认识自我，客观地分析自身的专业特长、兴趣爱好、个性特征、已有的优势和潜在的能力，以便对其职业发展进行合理定位，知道自己更适合从事什么样的工作，自己将来有可能在哪些方面获得成功，从而把自己确定在一个最能发挥自己长处的位置，最大限度地发挥潜能，到最适合自己发展的地方去建功立业。

（四）勇于竞争——提高大学生的就业能力

大学生要想实现充分就业，在竞争激烈的社会中脱颖而出并立于不败之地，就必须提高就业能力。大学生必须分析就业形势，了解就业政策，熟悉就业程序，自觉学习和掌握就业知识和就业技能，才能不断提高就业能力，做到主动就业，勇于面对竞争，最终成功就业。

米歇尔罗兹（Michelozzi）指出，职业生涯规划有突破障碍、开发潜能和自我实现三个积极目的，如图 1–1 所示。

在生涯发展过程中，很多学生对追求理想的工作或人生目标充满疑虑，还有的学生甚至不敢去想象或者设立理想目标，因为觉得那是不可实现的。阻碍学生插上理想的翅膀、迈出勇敢脚步的原因通常有两种：内在障碍和外在障碍。

内在障碍通常是由一个人对自己的不了解、低评价、不自信或者无安全感造成的。例如，有的学生很难看到自己的长处，总用自己的短处和别人的优势相比，内心从未觉得自己有可用或特别之处。所以，在找工作时缺乏信心，总感觉自己这也不好，那也学得不够，还没做好踏入社会的准备，从而影响找工作的信心，影响自己在面试等环节中的表现。这是典型的不能真正了解自己和接纳自己，从而影响找工作的情况。

外在障碍则来自一个人所处的环境，通常与市场的难以预测、经济衰退、社会环境等因素相关。

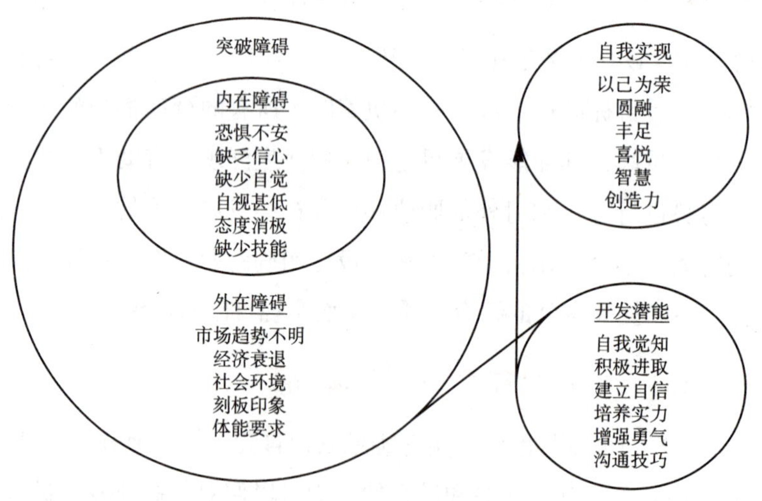

图 1–1　职业生涯规划的三个积极目的

一个没有生涯目标的人，很容易受外界因素的影响。客观上，大学扩招之后的就业竞争加剧的确影响了大学生找工作，但对有自己生涯目标的学生而言，因为对未来充满希望，所以更容易积极面对不理想的工作，努力从工作中获得和培养自己实现目标所需的能力和资源，把这当作迈向理想目标的第一步。而没有任何生涯目标的学生，可能更容易抱怨社会、哀叹自己生不逢时，没有早几年出生，没赶上“大学毕业生是天之骄子”的年代。因为看不到希望，他很难从内心积极应对困境，将找不到好工作进行外部归因，更觉得自身没有能力。所以，大学生在毕业时人生的起跑线是相同的，却可能因为无生涯目标导致人生态度的不同：一种情况是充满力量，能克服困难，积极进取；另一种情况是感觉被环境左右，怨天尤人，随波逐流。

德国哲学家尼采说：“懂得为何而活的人，几乎任何痛苦都可以忍受。”生涯规划可以帮助人们设立目标，给人们带来希望，从而突破发展中的内在障碍，最终实现幸福人生。

第二节　职业生涯理论

一、职业选择理论

人生面临着无数次的选择和决定。职业选择是大学生面临的重大选择之一，决定了他们未来事业发展的方向和在社会上的定位。错误的职业选择会对个人的职业生涯造成不利影响，甚至会妨碍事业成功，使个人付出巨大的时间和机会成本代价，因此，对于职业的选择必须慎之又慎。职业选择对每个人而言都不是一件轻松的事情，因为个人特质与职业需求、人格类型与职业环境等矛盾与困惑，经常会使大学生陷入职业选择的误区中。

（一）特质—因素论

特质—因素论是最早的职业辅导理论，又被称为人职匹配理论。它以个人的个性心理特质作为描述个别差异的重要指标，强调个人的特质与职业选择之间的匹配关系。美国波士顿大学教授弗兰克·帕森斯（Frank Parsons）是特质—因素论的创始人，后来威廉姆逊、戴维斯等学者对该理论进行了发展和完善。

1909 年，弗兰克·帕森斯在其著作《选择一个职业》中提出职业选择的焦点是人与职业相匹配。他认为，每个人都有自己独特的人格特质，每种人格特质都有相适应的职业类型。特质是指个人的人格特征，包括价值观、性格、兴趣、能力和气质等，这些可以通过心理测量工具加以评量。因素是指要取得职业上的成功所必须具备的某些资质或条件，这些可以通过分析职业特点而了解。

根据弗兰克·帕森斯所阐明的职业选择三要素，在个人职业生涯规划过程中可以通过三个具体步骤进行职业选择。

第一步是全面了解个人的生理和心理特点。个体差异普遍存在，每一种职业对工作者的能力、性格、气质等都有不同要求。通过心理测量及其他测评手段，掌握个人的身体状况、兴趣爱好、气质与性格、能力倾向等方面的资料，并对这些资料进行评价。

第二步是分析各种职业对人的要求，如身体要求、年龄要求、学历要求、所需的专业技能以及其他心理特点的要求、就业机会等。个人进行职业选择时，要根据自己的个性特征来选择与之相对应的职业种类，即实现人—职匹配。

第三步是人—职匹配。在了解个人特性和职业的各项指标的基础上，进行比较分析，选择一个适合个人特点又最有可能取得成功的职业。人—职匹配的实现，意味着个人特征与职业环境取得了高度的一致，工作效率和职业成功的可能性就会大大提高。反之，工作效率和职业成功的可能性就很低。

弗兰克·帕森斯认为，只有实现了人—职匹配，个人才能适应工作，并且使个人和社会同时得益。爱因斯坦曾收到一封信，信中邀请他去当以色列的总统。但是，他坚决拒绝了，他在信中写道：“我整个一生都在同客观物质打交道，因而既缺乏天生的才智，也缺乏经验来处理行政事务及公正地对待别人，所以本人不适合如此高官重任。”爱因斯坦的选择是明智的，否则世界上可能就少了一位伟大的科学家。因而，人们进行职业选择时，应尽可能详细地掌握个人特质和职业特点，进行全面、深刻地分析，区分持久的与暂时的、关键的与次要的特质和因素。比如，体育运动员、艺术家这类职业，个人天分就是较为重要的特质。只有这样，才能最大限度地发挥特质—因素论在职业生涯规划中的作用。

（二）人格类型论

1. 霍兰德的人格类型论

约翰·霍兰德（John Holland）是美国约翰霍普金斯大学的心理学教授，美国著名的职业指导专家。20 世纪 60 年代初，霍兰德结合自己职业指导的经验在特质—因素论的基础上提出了职业选择的另一种理论 —— 人格类型论。该理论认为，职业选择本身就是个人人格的一种反映和延伸，人格（包括价值观、动机和需求等）是决定一个人选择何种职业的重要因素。

霍兰德在其著作《职业决策》一书中提出以下观点：①大多数人的人格都可以分为六种类型，即实用型（Realistic）、研究型（Investigative）、艺术型（Artistic）、社会型（Social）、企业型（Enterprising）、事务型（Conventional）；②职业环境也可以区分为六种类型，与六种人格类型相对应，在个人与环境的相互作用中每种人格类型的人会对相应的职业环境中的活动感兴趣；③人们倾向于寻找在能够施展自己技能的同时表现自我价值观和人格的职业。人们的职业行为是由其人格和环境特征的相互作用所决定的。

霍兰德的人格类型论拥有一张职业性格测评量表来测量霍兰德代码，帮助测试者了解自己所适合的职业类型。专业的职业倾向测评量表多用在人力资源管理实践中。通常，也可以通过简单的测验初步了解个人的职业倾向类型。

2. 荣格 MBTI 人格类型论

人格（Personality）源于拉丁语 Persona，也叫个性或性格。在心理学中，人格指一个人在一定情况下所做行为反应的特质，即人们在生活、工作中独特的行为表现，包括思考方式、决策方式等。世界上划分人格类型的理论有很多种，MBTI 人格类型论是目前国际上最权威、最普遍使用的理论。

MBTI 源自瑞士著名心理学家卡尔·荣格（Carl Gustav Jung）于 1920 年提出的心理类型理论，后经美国心理学家布里格斯和迈尔斯母女的研究和发展，并将其命名为“迈尔斯—布里格斯心理类型指标”（Myers-Briggs Type Indicator，MBTI）。MBTI 理论具有非常雄厚的心理学基础，可以分析出大量的个性特质，从而确定了 MBTI 与职业选择之间的密切关联。在美国每年有 300 万以上的人参加基于 MBTI 的测评和培训，在世界 500 强企业中有 80% 以上的高层管理者、高级人事主管使用过这一工具。

MBTI 人格类型揭示了一个人深层的本我，最本能、最自然的思维、感觉、行为模式，而不是在别人面前所表现出的表面的性格特征。MBTI 人格类型理论使人们明白为什么不同的人对不同的事物感兴趣，为什么不同的人擅长不同的工作。通过了解自己和其他人的性格倾向，可以更好地分析自己的优缺点，更容易接受自己，更好地理解和接受他人，理解为什么人与人之间在思维、行为、表现等方面存在差异，从而接受他人的合理观点，避免固执己见或简单地判断某种做法的正确与否。

（三）人格发展理论

20 世纪 50 年代后期，随着人本主义心理学的兴起，职业指导理论开始重视人的需要和职业价值观在职业选择中的作用，人们开始重视早期经验与职业动机对职业选择与职业成功的影响，此时心理需求和心理动力论应运而生，这两者的共同点都是把人职匹配目标定位在人的职业满足上。

罗伊（Anne Roe）是一位临床心理学家，她的人格发展理论约在 20 世纪 60 年代提出，她依据自己所从事的临床心理学经验及对各类杰出人物有关适应、创造、智力等特质的研究结果，综合了精神分析论、莫瑞的人格理论与马斯洛的需要层次论，形成了其人格发展理论。该理论试图说明遗传因素和儿童时期经验对未来职业行为的影响，认为早期经验会增强或削弱个人高层次的需求，进而影响人的生涯发展，她特别强调早期经验对以后职业选择行为的影响。

罗伊认为，人格的发展大多取决于个人在儿童早期基本需求获得满足或受到挫折的经验，而这些经验常受到家庭文化背景的影响。人的早期经验，尤其是父母的养育方式和亲子之间的交流会深深影响个体需求的满足、职业类型的追求及在所选择领域中可能达到的水平。因而，罗伊在 1957 年提出了亲子互动模式（图 1–2），将亲子之间的关系分为如下三种类型。

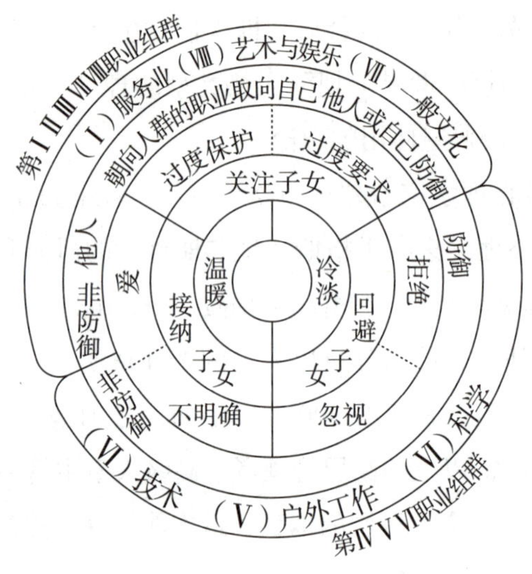

图 1–2　亲子关系与职业选择的关系

1. 关注子女型

关注子女型又细分为过度保护型和过度要求型。过度保护型父母，会毫无保留地满足孩子的生理需求，却不见得能满足孩子对爱与自尊的需求。在这类氛围下长大的孩子，日后显示出较多的人际交往倾向。而过度要求型的父母，对孩子需求的满足往往附加某些条件，当孩子表现出顺从或父母认可的行为时，其生理需求或爱的需求才能得到满足，这种在父母的高标准、严要求下长大的孩子会变成完美主义者。他们会为表现得不够完美而焦虑，因而在做职业选择时较为困难。

2. 回避子女型

回避子女型，有拒绝和忽视两种情况。回避子女型的父母只能满足孩子的生理需求，而忽略了其心理上的需求。在回避型父母的教养态度下，无论是受到拒绝还是忽视，儿童需求满足的经验都是痛苦的，即不论生理需要还是安全需要的满足都会有所欠缺，更谈不上高级需要的满足。所以，这类儿童日后会害怕和他人相处，在工作中，会倾向于通过个人的努力来满足自己的需求。

3. 接纳子女型

接纳子女型包括爱的接纳和不明确的接纳两种情况。前一种，不仅能满足孩子的各种需求，而且会支持子女发展的独立性；后一种，则采取自由放纵任其发展的态度。接纳型家庭的氛围大体上是温暖的。在温暖、民主气氛下长大的孩子，各层次的需求都能得到满足，长大之后也能独立做出选择。

因此，童年的经验与职业选择有极大的关系。人们选择的工作环境往往会反映出其幼年时的家庭氛围。

二、职业生涯发展理论

职业生涯发展是一个连续不断的过程，是一个需要终身学习、终身发展的过程。职业生涯发展是个人依据其人生规划与人生目标，为实现自我而开展的独特的生命历程，不同个体具有不同的职业生涯发展历程；职业生涯发展是动态与变化的，不同发展阶段有着不同的职业生涯规划与职业生涯发展任务，不同时期人们扮演着不同的角色。从 20 世纪 50 年代初开始，许多学者开始研究职业和职业生涯发展的问题，形成了一系列的职业生涯发展理论学说。本节主要介绍金斯伯格的职业意识发展阶段论、萨柏的终身职业生涯发展理论、萨柏和萨维科斯的生涯适应理论、蒂莫西·巴特勒的职业生涯发展乐趣理论、埃德加·施恩的职业锚理论。

（一）职业意识发展阶段论

美国著名职业指导专家金斯伯格对职业生涯的发展进行了长期研究。1951 年，他出版了《职业选择》一书，对青少年职业选择的过程与问题做了深入研究。他认为职业在个人生活中是一个连续的、长期的发展过程，并把它分成三个阶段，即幻想期、尝试期和现实期。

1. 幻想期

11 岁之前是儿童时期。儿童对外部世界，特别是对于他们所看到或接触到的各类职业，充满了好奇。此时期职业需求的特点是：单纯凭自己的兴趣爱好，不考虑自身的条件、能力水平和社会需要，完全处于幻想之中。

2. 尝试期

11—17 岁，由儿童向青年过渡的时期。这时人的生理和心理在迅速成长发育和变化，价值观开始形成，知识和能力逐渐增长和增强，初步懂得社会生产和生活的经验。在职业需求上呈现出的特点是：有职业兴趣，但不仅限于此，开始注意职业角色的社会地位、社会意义以及社会对该职业的需要。

3. 现实期

17 岁以后是青年阶段。这个阶段的青年即将步入社会，能够客观地把自己的职业愿望或要求，同自己的主观条件、能力以及社会现实的职业需要紧密联系和协调起来，寻找适合于自己的职业角色。此时，个体已有了具体的、现实的职业目标，表现出的最大特点是客观、现实。

金斯伯格认为个体在童年时期就开始孕育职业选择的萌芽，随着年龄、教育等因素的变化，个体的职业生涯发展经历了从模糊的幻想走向现实、从单凭兴趣到注重实际的发展过程。

（二）终身职业生涯发展论

萨柏是美国著名的职业生涯规划大师，是终身职业生涯发展理论的代表人物。1957 年，萨柏在《职业生涯心理学》一书中首次使用“职业生涯”这一概念。他认为，人的每一个年龄阶段都与职业发展有着相互配合的关系，人的生涯发展会伴随着年龄的成长而递进，每个年龄阶段各有其生涯发展的任务。萨柏将人的生涯发展分为成长（儿童期）、探索（青春期）、建立（成年前期）、维持（中年期）、衰退（老年期）五个阶段。

1. 成长阶段（4—14 岁）

成长阶段主要根据儿童自我概念形成的特点，发展儿童的自我形象，发展他们对职业意义的认识以及对职业的正确态度。成长阶段分为幻想期、兴趣期和能力期。幻想期（4—10 岁），以“需要”为主要因素，在幻想中的角色扮演起着重要作用；兴趣期（11—12 岁），对某一职业的兴趣是个体抱负和活动的主要决定因素；能力期（13—14 岁），以能力为主要因素，个体能力逐渐成为儿童活动的推动力。

2. 探索阶段（15—24 岁）

探索阶段的青少年通过学校生活和社会实践，对自我能力及角色、职业进行探索。这个阶段可划分为试探期、过渡期和承诺期。试探期（15—17 岁），考虑需要、兴趣、能力和机会，可能会做暂时的决定，并在幻想、讨论、学业和工作中进行尝试；过渡期（18—21 岁），开始就业或进行专业训练，更重视现实，并力图实现自我观念，将一般性职业选择变为特定的选择；承诺期（22—24 岁），进行职业生涯初步确定并验证其成为长期职业的可能性，如果不合适，则重复各时期进行调整。

3. 建立阶段（25—44 岁）

建立阶段的任务是根据个体的职业实践，通过调整、稳固并力求上进，促进职业的稳定。建立阶段大致分为承诺稳定期和建立期两个时期。承诺稳定期（25—30 岁），个体开始寻找安定的工作，如果对工作不满意则力求调整；建立期（31—44 岁），个体致力于工作上的稳固，大部分人处于富有创造性的时期。

4. 维持阶段（45—65 岁）

维持阶段的任务是帮助人们维持现有的成就和地位。

5. 衰退阶段（65 岁以上）

因为心理与生理机能的日益衰老，个体逐渐离开工作岗位，这一阶段的主要任务是协助个体发展新的角色，寻求新的生活方式替代和满足个人发展的需求。

个体生涯发展的五个阶段中，每一阶段都包含成长、探索、建立、维持和衰退的循环，个体的生涯发展构成了一个完整的循环式发展任务系统，见表 1–2。

表 1–2　个体生涯循环发展任务系统

时间	青年（15—24 岁）	成年早期（25—44 岁）	中年（45—65 岁）	老年（65 岁以上）
衰退	减少用于嗜好的时间	减少运动时间	集中于主要活动	减少工作时间
维持	验证当前的职业选择	设法保持工作的安定	巩固自己面对竞争	保持仍有兴趣的事
建立	开始创业	安于现职	学习新的技能	从事向往已久的事
探索	寻找更多的工作机会	寻找机会做自己喜欢的事	辨识新问题并设法解决	寻找合适的退休后的场所
成长	发展适宜的自我观念	学习与他人间的关系	接纳个人的限制	发展非职业性角色

1976—1979 年，萨柏在英国进行了为期四年的跨文化研究，之后提出了一个更为广阔的新观念——“生活广度、生活空间”的职业生涯发展观。这个职业生涯发展观，除了原有的发展阶段理论外，较为特殊的是加入了角色理论，并根据职业生涯发展阶段与角色彼此之间交互影响的状况，描绘出一个多重角色职业生涯发展的综合图形。这个“生活广度、生活空间”的职业生涯发展图形被萨柏命名为职业生涯彩虹图（图 1–3）。

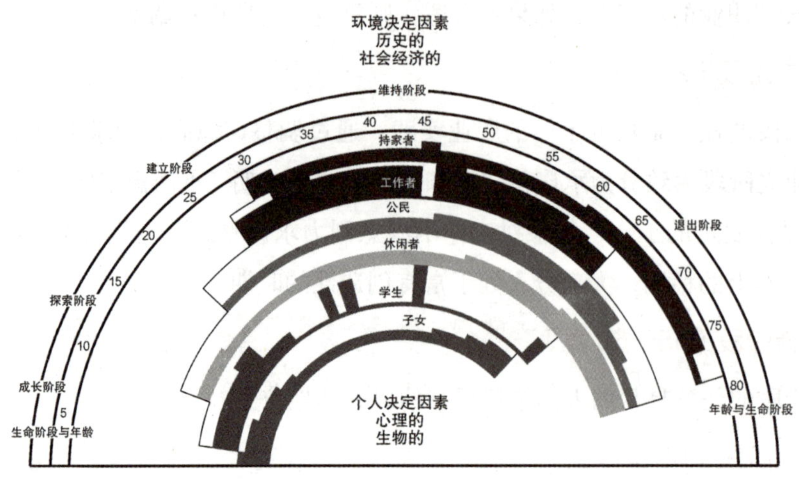

图 1-3　职业生涯彩虹图

在职业生涯彩虹图中，纵向层面代表的是由一组角色所组成的生活空间。萨柏认为人一生中必须扮演六种主要角色，依次是：子女、学生、休闲者、公民、工作者、持家者。横向层面代表的是横跨一生的生活广度。彩虹的外层代表人生主要的发展阶段和相应的大致年龄：成长阶段、探索阶段、建立阶段、维持阶段以及退出阶段。在这五个主要的人生发展阶段内，还有小的阶段，萨柏特别强调各个时期年龄划分有相当大的弹性，应依据个体不同的情况而定。职业生涯彩虹图描绘了职业生涯发展阶段与角色间的相互影响和发展状况，非常直观地展现了个人生命的长度（发展阶段）、宽度（角色）和深度（个人对角色的投入程度），展示了生命的意义。

萨柏的职业生涯发展理论对于职业生涯规划具有重大的贡献。萨柏认为在个人发展中，探索活动占有极其重要的地位。通过参加相关的探索活动，可以促进个人对自我及环境的了解和认识，获取对现实世界的丰富信息，帮助其培养适当的兴趣和技能，并有机会接触到重要的人（良师益友、榜样），成功的探索经验还能帮助个人发展健全的自我。

（三）生涯适应力理论

生涯适应力，是萨柏和萨维科斯在相关研究中提出的最早的概念。它以萨柏的早期生涯成熟度理论为基础，是指个人在生涯发展过程中遇到的生涯发展任务，对职业变化或工作环境中意外因素的准备程度。这种观念上的转变，强调当个人考虑自己的生涯发展问题时，他们不仅基于对外部世界的自我认识和探索，而且还会考虑与外部环境的互动，强调个人对环境积极适应的能力。随后，萨维科斯和波菲利（Pofeli）等学者对与生涯适应力相关的问题进行了更多的现象分析和理论解释，将生涯适应力问题作为各类个体所必须拥有的一种基本心理社会资源，用于深入研究各类个体在分别面临不同的社会生涯心理发展重要阶段时所必须具备的心理和社会关系构建。

同时，依据这些基本观点，萨维科斯对关于个体生涯适应力的四维模型理论基础模型和基本实践方法进行了不断地更新修订和不断改进加以完善，最终于 2005 年提出了个体生涯适应力的四维模型理论基本模型，即个人生涯适应力的持续形成和不断发展过程，是沿着个体的生涯关注、生涯好奇、个体生涯控制和生涯自信这四个维度来持续推动进行的。生涯关注能够帮助个体确立未来；生涯好奇能够加速个体对可能自我和职业的探索，生涯控制能使个体拥有自我选择未来的权利，而生涯自信则能促使个体建构完美的未来并克服困难。在每一个生涯维度里都会发现存在一个更为核心的生涯问题，需要个人能够做出正确答案，即“我还有未来吗”“谁拥有我的未来”“未来我想要做什么”“我能做到吗”。

当生涯适应力的四个维度当中发展有迟缓或不均衡时，这些现象在生涯咨询实践里可能出现不同的结果：体现为“不关心”，即个体对未来缺乏计划和消极悲观，对此类人群，生涯咨询者可通过生活技能方案、撰写未来自传或生涯导向练习等策略进行干预；体现为“不确定”，即个体在面对未来时会优柔寡断、摇摆不定，无法做出适当的生涯选择，对此类人群，生涯咨询者可采用自我肯定训练、决策训练、培养责任感或练习自我管理策略等干预方法；体现为“不真实”，即个体对职业世界和自我有不真实的想象，对此类人群，生涯咨询者可采用测验解释、提供职业信息、训练信息获取技能等干预方法；体现为“抑制的”，即个体因缺乏自信而阻碍其生涯角色的实践和目标的达成，对此类人群，生涯咨询者可采用建立角色楷模、培养问题解决能力或培养自尊等干预方法。

（四）职业生涯发展乐趣论

蒂莫西·巴特勒博士是心理学和经济学交叉领域的专家，著有《哈佛职业生涯设计》《走出心理困境》等书。他曾是哈佛商学院 MBA 职业发展项目的负责人，也是职业测评项目的创始人。迄今为止，这一先进的商业职业自我测评项目已被全球 300 多家顶尖的 MBA 学院和企业所使用。

蒂莫西·巴特勒与其同事历经 12 年的研究，提出了职业生涯发展乐趣理论。在“career”成为越来越普遍的用词之前，工作被称作“vocation”，拉丁文意思是内心深处的事业——从事能够带来意义的工作。现在，人们经常把职业当作“工作”，即一份为了谋生而不得不做的事情。巴特勒认为，个体应该从长期角度考虑，追寻一条适合自己的职业发展道路，一个基于强烈兴趣，能够符合一个人“根植于生命中的乐趣”

的职业，这样会带来内心的满足感、成就感。这种乐趣和休闲娱乐无关，也无法决定个人最擅长的工作和技能是什么，但却决定个体做什么工作才会感到快乐。巴特勒分析出了八项不同的乐趣，并通过多种不同的方法来囊括广泛商业领域内的绝大多数工作（包括非营利性机构、政府的管理工作）。他认为，任何工作，都会涉及以下核心兴趣或活动。

（1）技术应用型 —— 像工程师一样思考。

（2）创造型 —— 致力于新观念、新项目的职业。

（3）定量分析型 —— 用数字解决问题。

（4）理论发展和概念化思维型 —— 制定战略，思考总体规划。

（5）咨询指导型 —— 帮助人们发展自我。

（6）管理他人与发展关系型 —— 与人打交道，激励他人、领导他人。

（7）企业控制型 —— 制定战略，整合资源，并执行。

（8）通过语言和思想去影响别人 —— 亲身说服，说服客户或所在机构里的人。

现实生活中，很多人不管处于职业生涯的什么位置，都不满足于自己的现状，希望寻求突破。因此，“如何选择最理想的职业发展道路”成为很多人的困惑。解决这一困惑前，需要阐明几个问题：第一，这不是在谈论“如何发现最理想的工作”（如果存在的话）；第二，对于每一个独立的个体，答案都是不同的；第三，解决这一困惑，不是一个简单的过程，二是需要进行大量的自我评估工作。

按照职业生涯发展乐趣论，找到喜欢的职业，走上成功的个人发展之路，是所有人的理想。个体应该追寻能给自己带来深层满足感的职业发展道路。研究表明，当人们从事的工作允许表达自身强烈的兴趣时，工作会更有成效，会更成功。因为，在这种条件下，人们将工作看作实现自我价值的过程，愿意留下来做更多的事。为了找到最理想的职业发展道路，个体需要在个人兴趣和日常工作之间寻找一个平衡点。这比从工作中得到的回报，如金钱、名誉或是技能的发挥，都重要得多。

此外，巴特勒博士通过多年调研，归纳出十二项有缺陷的职场行为模式：①非黑即白，机械；②总觉得自己不够好；③无止境地追求卓越；④无条件地回避冲突；⑤强行压制反对者；⑥天生喜欢引人注目；⑦过度自信，急于成功；⑧被困难“绳捆索绑”；⑨疏于换位思考；⑩不懂装懂；⑪管不住嘴巴；⑫怀疑路到底对不对。每个人或多或少都有上述十二种行为模式的影子。在努力迈向成功时，人们需要时刻检视自己，填平职业生涯道路上的心理陷阱，这样才能更深入地挖掘出潜在的个人内心乐趣，为成功铺平道路。

（五）职业锚理论

美国职业指导专家埃德加·H. 施恩教授提出了“职业锚”的概念。他认为职业规划实际上是一个持续不断的探索过程。这一过程中，每个人都根据自己的天资、能力、动机、需要、态度和价值观等，慢慢地形成较为明晰的与职业有关的自我概念。随着一个人对自己越来越了解，这个人就会越来越明显地形成一个占主要地位的职业锚。所谓职业锚是指当个人不得不做出选择的时候，他无论如何都不会放弃的职业中的那种至关重要的东西或价值观。一个人对自己的天资和能力、工作动机和需要以及人生态度和价值观有了清楚的了解之后，就会意识到自己的职业锚到底是什么。

施恩根据自己在麻省理工学院的研究指出，要想对职业锚提前进行预测是很困难的，这是因为一个人的职业锚是在不断变化着的。有些人也许一直都不知道自己的职业锚是什么，直到他们不得不做出某个重大选择的时候，一个人过去所有的工作经历、兴趣、资质、性格等，只有集合在一起，才会形成一个富有意义的职业锚，这个职业锚会告诉他，到底什么东西是最重要的。施恩根据自己多年的研究提出了以下五种职业锚。

1. 技术或功能型职业锚

具有较强的技术或功能型职业锚的人，往往不愿意选择那些带有一般管理性质的职业。相反，他们总是倾向于选择那些能够保证自己在既定的技术或功能领域中不断发展的职业。

2. 管理型职业锚

有些人会表现出成为管理人员的强烈动机，承担较高责任的管理职位是这些人的最终目标。他们认为自己具备以下三方面的能力：①分析能力；②人际沟通能力；③情感能力。

3. 创造型职业锚

有些人倾向于建立或创设某种完全属于自己的东西。例如，署着自己名字的一件产品或一项工艺、一家自己的公司或一笔反映个人成就的财富等。

4. 自主与独立型职业锚

有些人在选择职业时似乎被一种自己决定自己命运的需要所驱使着，他们希望摆脱那种依赖或受制于别人的境况。例如，有的人在大企业中工作的时候，他的提升、工作调动、加薪等诸多方面都难免要受到他人的牵制。这些人有着强烈的自主与独立倾向，他们更希望自己独立工作，或成为一个较小企业的合伙人。

5. 安全型职业锚

有些人极为重视长期的职业稳定和工作的保障。他们似乎比较愿意从事这样一类职业：能够提供有保障的工作、体面的收入以及可靠的未来生活。这种可靠的未来生活通常是由良好的退休计划和较高的退休金来保证的。对于那些对地理安全性更感兴趣的人来说，如果追求更为优越的职业，意味着将要在他们的生活中注入一种不稳定或保障较差的地域因素的话，那么他们会觉得在一个熟悉的环境中维持一种稳定的、有保障的职业更为重要。

职业锚是进行职业生涯规划时必须考虑的重要因素之一，人们选择和发展职业时也总在不断探求自己的职业锚。天资和能力、工作动机和需要、人生态度和价值观，会影响一个人的职业锚。其中天资是遗传基因在起作用，而其他各项虽然也受先天因素的影响，但受后天努力和环境的影响更大，所以个人的职业锚会不断地发生变化。在当今激烈的社会竞争中，大学毕业生的就业观念发生了变化，逐渐打破了传统的“一业定终身”的观念，短期就业、多元化就业是大趋势，个人的职业生涯规划也应根据各种变化来适时调整。环境的变化可导致自我观念的变化，因此当代大学生应先找到基本的职业定位，沿着大方向发展，不断探求自己的职业锚。

职业生涯规划贯穿人的一生。一般来说，大学生进行职业生涯规划可以分为职业选择、职业决策、职业发展三个阶段。在进行职业生涯规划时，可通过自我分析与量表工具的测量，先了解自己想要干什么、能干什么，自己的兴趣、才能、学识适合干什么。自我分析、自我定位是职业生涯规划的首要环节，它决定着个人职业生涯的方向，也决定着职业生涯规划的成败。从职业生涯发展的角度看，个人的职业兴趣、职业认知和职业选择受多种因素的影响，随着年龄的增长和生活的变化，人的职业心理会不断发生变化，儿童时代的梦想、高中时的理想、大学时代的专业都未必能决定个人的职业，职业流动也变得更加宽松自由。

从职业选择、决策理论到职业发展理论，人们在职业生涯规划管理的实践中逐步由被动转向了主动。然而，以知识和信息为主导的新经济时代的到来，如何获得职业生涯的成功成为人们职业生涯管理的新的出发点和归宿。通常，职业生涯成功与否可以依据客观成功（薪金和职位）和主观成功（自我认同、工作满意和精神满足）来衡量。目前，综合国内外学者有关职业成功因素的研究成果，可以将影响职业成功的因素大致归纳为心理因素、能力素质因素、技巧策略因素、组织和社会因素四个层次。能力素质、技巧策略大多属于智商因素，心理因素则与情商有直接关系。心理学的众多研究也表明，人的成功要素中，智力因素只占 20%，非智力因素（主要是情商）占到了 80%，因而心理因素是职业成功最重要的影响因素。对于在校大学生来说，如何在职业生涯管理实践中构建一种积极的心理状态，从而转化成职业生涯成功的心理因素，也需要在大学生的职业生涯规划管理过程中得到进一步实践认证。

三、职业生涯决策理论

从 20 世纪 60 年代开始，职业指导者运用经济学中的决策理论对如何做出职业决策的过程和行为进行了深入研究。随着社会经济结构和职业结构的变化，新旧职业更迭频繁，职业要求日益复杂，职业和专业的界限也日益模糊，这些复杂性与不稳定性使个体在职业决策时产生了很多的困惑。职业规划理论需要适应这种新的变化，不能局限于帮助个体选择一个现存的职业或为一个假设的职业做准备，还要注重培养个体的决策意识及解决问题的能力。职业决策理论强调个人对各种信息的掌握情况，包括对职业环境，自身人格特性、能力、价值观等，以及对其他可能选择的方案、结果、评估技巧、评估标准的了解程度。本部分主要介绍奇兰特的决策过程模式论、泰德曼的决策历程模式论和克朗伯兹的社会学习论模式。

（一）奇兰特的决策过程模式论

奇兰特认为，在职业生涯决策过程中，一方面要强调个体价值观、期望值和职业成功的可能性；另一方面要以理性的方式进行决策，在客观分析自身和外界环境之后，以一定的标准计算出投入成本和收益之比，制定出科学可行的个性化方案，实施这个方案，将会使自己的优势得到最大程度的发挥，需求也能得到最大程度的满足。

奇兰特于 1962 年提出职业决策过程模式，将职业决策过程分为五个步骤：

第一步：个体意识到做决策的需要，并明确决策的目的或目标。

第二步：收集与目的或目标相关的信息，同时调查所有可能达到目的或目标的方案。

第三步：对收集到的信息进行预测，估计可能会出现的选择结果以及结果出现的概率。

第四步：根据价值系统，即个人对各种行动的喜好程度，评价结果是否满足需要。

第五步：决策的估价和选择，根据可能的结果及结果的价值，按照一定的标准，对各种行为方案进行评判。

1989 年，奇兰特从新的角度，提出了“积极的不确定论”。所谓积极的不确定论，是指以积极的态度面对做决策时的不确定因素，以乐观的心态面对职业决策。他认为，在决策过程中包含三个要素：信息的收集、过程的调整、行动的决定。他提出要“以幻想面对事实，但不对事实抱有幻想”。“以幻想面对事实”是培养一种步步为营的心态；“不对事实抱有幻想”是说明不能以为掌握了信息，就掌握了未来。另外，决策者要改变对目标的态度，对目标要调整再调整，保持一种“不确定”。目标随时根据内外环境调整，将产生新的经验、新的价值、新的观点。最后，奇兰特提出，未来成功的职业决策者必须具有的态度是面对未来的不确定保持积极的心态，同时也要思考如何主宰信息，如何主宰自己。

（二）泰德曼的决策历程模式论

泰德曼认为，职业生涯决策是一个完整的过程，由一系列层层递进的阶段组成。第一阶段是参与阶段，即了解和收集信息，确定几种可选择的方案，并选择其中一种，再进一步给予检验；第二阶段是实施和调整阶段，即初步接受并实施所做的选择，努力完成工作任务并求得进一步发展，然后在这一过程中，取得个人选择和环境要求之间的平衡。

泰德曼提出一个以分化和整合贯穿职业决策过程的模式。分化是指将自我融入职业世界中的过程；整合则是将分化的部分再予以统合，以符合个体的需求。这两种心理作用在整个理性的决策过程中不断进行。整个职业决策过程分为两个阶段和七个步骤（图 1–4）。

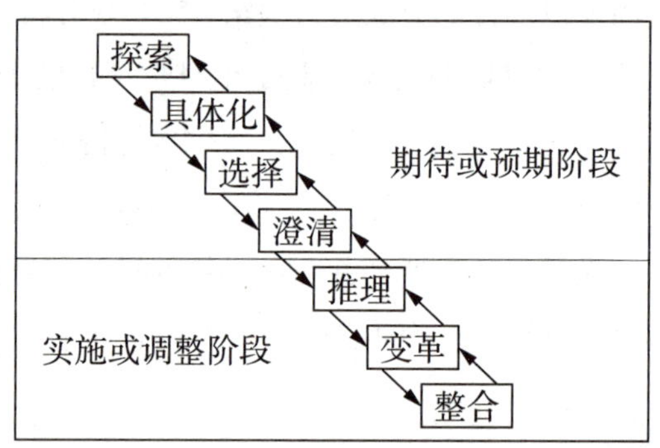

图 1–4　泰德曼职业决策历程模式

1. 期待或预期阶段

期待或预期阶段可分为四个步骤：①探索，考虑不同选择方向及可能目标：②具体化，考虑各种选择方向或目标的优缺点；③选择，选定一个能解除目前困扰的目标；④澄清，修正与调整准备要行动的目标。

2. 实施或调整阶段

实施或调整阶段包括三个步骤：①推理，开始实施自己的选择，也是新经验的开始，在新的环境中，争取他人的接纳；②变革，调整步伐与心态，肯定自己在新环境中的角色；③整合，个人的信念与集体的信念达到平衡与妥协。

泰德曼的职业生涯决策理论十分强调个人职业生涯抉择上的复杂性与独特性。个人整体的认知发展与系列的决定过程是其理论的主要内容。他认为职业生涯发展是一个不断辨别自我、处理发展性任务和解决社会心理危机的过程。职业发展与个人心理发展是同步的，并特别强调自我发展与职业决策发展的一致性。

（三）克朗伯兹的社会学习论模式

克朗伯兹的社会学习理论是以社会学习的观点来解释个体职业生涯规划行为的，特别强调社会因素和学习经验对职业生涯规划的影响，把职业决策看作是一种习得的技能。个人的社会成熟度在很大程度上依赖于对他人行为的学习和模仿，并由此决定个人的职业取向。克朗伯兹提出影响职业决策的因素有以下四个。

1. 遗传因素和特殊的能力

个人的一些遗传特质，在某种程度上限制了个人对职业选择的自由。这些因素包括身体条件、个性特征和种族差异等。个人的特殊能力包括音乐能力、美术能力、动作协调能力等，这些特殊能力会影响个人在环境中的学习经验，伴随这些学习经验而来的兴趣与技能，对个人未来规划职业等也有较大影响。

2. 学习经验

克朗伯兹认为，每个人都有独特的学习经验，这对于个人的生涯抉择具有重要的影响。他提出了两种类型的学习经验。

（1）工具式学习经验。个人为了获得好的结果，在特定的环境中采取一定的行为，其后果会对个人产生重要的影响。克朗伯兹认为，生涯规划和职业所需的技能，可以通过工具式学习经验而获得。

（2）联结式学习经验。个人通过观察真实和虚构的模型，通过对人、事之间的比较来学习，对外部刺激做出反应。联结式学习经验是指某些环境的刺激会引起个人情绪上积极或消极的反应。个人通过对社会职业的观察，会对职业有某种刻板化印象，诸如“商人都是有钱人”“军人的职业较为辛苦”等，都是通过这种联结学习的经验而习得的。在个体成长过程中，这种联结学习的经验也许一生都难以改变，对其生涯决策也有着深远影响。

3. 环境状况和事件

克朗伯兹认为，影响职业规划的因素中，有许多来自外部环境，并非个人所能控制。这些环境状况和事件可能来源于人类活动（如政治、经济或文化活动），也可能由自然力量引起（如自然资源的分布或自然灾害）。

4. 职业取向的技能

前面提到的各种因素，如遗传因素、特殊能力、社会上各种影响因素以及不同的学习经验等，会以一种交互影响的方式使个人形成特有的职业取向技能，这些职业取向的技能包括解决问题的能力、个人的情绪反应及态度、工作习惯等。

按照社会学习理论的观点，上述四种因素相互作用。会对个体的职业决策产生重要的影响。1996年，克朗伯兹从自我效能的角度提出了职业生涯规划的主动建构理论。职业生涯的自我效能是指人们相信自己能够成功地完成职业生涯决策活动；职业生涯的发展是一个了解人们自身并做出各种可能性选择的过程；过去的学习、经验以多种方式影响人们的生涯决策；职业生涯的发展不是被动而是一个主动建构的过程。人们可以主动地寻找生活中的角色榜样和良师益友，并以此学习有关职业生涯规划过程的知识。

第三节　职业生涯规划大赛

一、职业生涯规划大赛概述

职业生涯规划类大赛是面向高校学生的大众性科技活动，是在结合课堂教学又高于课堂教学水平的基础上，以大赛的方式考查学生学科基本理论知识和解决实际问题能力，培养学生团队协作意识和创新精神，提升大学生创业创新能力及职业生涯规划品质的系列化活动。

职业生涯规划类大赛经过多年的发展已初具规模，在层级方面形成了“国家、省（市）、高校、院系”四个层级的格局，其实践化运作也更具科学性和规范化。大赛将职业生涯规划概念、影响因素、实施过程寓于比赛项目书撰写过程中，从实际操作层面深化选手的认知，这其中包括职业目标确定、个人分析、社会环境分析、组织（企业）环境分析、目标分解与目标组合、实施方案与评估标准等。而对自我认知分析则要求参赛选手能够结合正式与非正式评估工具进行评估和橱窗分析。职业生涯大赛的举办将职业生涯理论付诸实践层面，大赛参与面广、举办周期长等特点也进一步增强了社会各界对职业生涯的认识，有助于各高校更好地丰富规划教育内涵，创新规划教育方式，提升生涯规划教育成效。

在全国大赛组织开展的同时，各省（自治区、直辖市）也结合国家有关政策要求和大学生就业形势，开展了不同主题的职业生涯规划大赛和创业计划大赛，以期通过此种实践形式进一步加强职业生涯规划教育的普及性及科学性。截至2023年，全国级大赛已经开展了三次，全国多个省份也举办了省级大赛，成为职业生涯规划教育实践推进的一个重要“增长极”。

二、职业生涯规划大赛的意义

（一）有助于广大大学生树立职业生涯规划的意识

职业生涯规划是指个体在客观全面认知职业生涯的基础上，对自己的兴趣、爱好、能力、经历及优缺点等各方面进行综合分析与权衡，把个人发展与社会发展相结合，并根据自己的职业倾向，确立职业发展目标，制定相应的学习、培训和能力开发计划，为实现职业生涯目标采取行之有效的行动。意识引导行动，规划塑造未来，大学生只有树立积极主动意识，做好职业规划，提升就业竞争力，才能赢得先机。然而现实情况并不乐观，在高校学生中，有职业生涯规划意识的人只占少数。大学生职业生涯规划大赛的出现，让许多大学生包括他们的父母开始懂得职业生涯规划同学生本人的性格、兴趣、心理素质、所学专业等密切相关。大学生今后能不能顺利就业，获得好的发展，与能否根据学生个人特点来合理规划职业生涯关系巨大。参加职业规划大赛也是一次全面的自我认知，坚定自己对以后职业生活的选择。

（二）推动了大学生对职业生涯规划的学习与实践

大学生职业生涯规划包含“教”与“学”两大方面。“教”是让学生懂得职业生涯规划的重要性，引导学生明确未来如何发展；“学”则是通过接受和实践，帮助学生调整个人职业目标，完善个人职业生涯规划，提高学生的实践能力和综合素质。而要促进这两者之间的最优化，职业生涯规划大赛无疑是一个良好的互动方式。举办职业生涯规划大赛以来，众多高校都以大赛为契机，通过鼓励、指导学生参赛，推广参赛选手的规划经验，扩大受益面，充分发挥大赛的示范辐射作用。

与此同时，许多高校还借助大赛，对这方面的实践教学进行改革，促进了优质教学资源的整合与共享。设置专门课程，先让学生掌握职业生涯规划的理论知识，增强学生自主规划意识，再鼓励学生分组讨论研究，进行方案的设计。如果学生要参赛，还要派老师进行一对一的指导，帮助学生进一步完善方案。这样一整套程序下来，就会促使学生从理论到实践，从自身的实际出发，对个人现状、职业特性、就业环境等方面进行深度分析和合理设计，从而让自己对未来的职业目标有明确的认识。

（三）提升了大学生的就业竞争力

大学生的就业竞争力包含多个方面的综合能力，而这种能力的高低，则要通过实践加以检验。目前我国大学生就业形势相对严峻，要想在择业时找准目标，提升求职成功率，在众多竞争者中脱颖而出，就必须及早做好职业生涯规划，有针对性的提升自己的就业能力。现阶段大学生职业生涯规划大赛，在流程上一般分为两大阶段：第一阶段是初赛，由各参赛高校通过校内的比赛，遴选出参加省级大赛的选手；第二阶段是全省决赛，由评委根据参赛的选手作品结合现场表现，进行打分，确定最终比赛成绩。而在内容上，一般包含四个方面：一是比赛选手提交职业规划作品，如《个人职业生涯规划书》和《职业生涯人物访谈报告》等；二是比赛选手现场展示和答辩，由比赛选手现场展示 PPT 并回答评委提问；三是参赛选手互评；四是情境模拟。在实际招聘过程中，用人单位也青睐在职业生涯规划方面下过功夫的学生，如果学生有大赛获奖的经历，在同等条件下，他们被录用的机会更大，因为用人单位普遍认为这样的学生综合素质较高，他们对职业认知相对到位，稳定性较强，是可塑之才。

（四）营造了重视职业生涯规划的浓厚氛围

现阶段大学生职业生涯规划大赛形式多样，层次不一，既有综合性的大赛，也有专业性的大赛，既有全国级的，省市级的，也有院系级的。但无论是哪种层次哪种规模的，都设有奖项，竞争都异常激烈。这就使得大赛具有很强的竞技性和观赏性，比赛选手在赛场所展现出来的学识、能力和风范，都会自然而然地在广大高校学子中产生触动，给他们带来启迪，并引领他们思考或者完善自己的职业生涯规划。另一方面，校园内职业生涯规划的氛围日渐浓厚，也极大地推动了高校学生直接参与比赛，吸引了越来越多的学生关注相关课程，培养职业生涯规划的意识与习惯，树立正确的成才观和择业观。

思考与练习

1. 谈谈你对自己专业的看法。
2. 职业生涯规划对青年学生未来生活的重要意义体现在哪些方面？
3. 何为职业锚？你是否已找到自己的职业锚？请具体描述。
4. 请回顾一下自己过往的生活经历，通过回答以下问题，慢慢贴近自己的感受，找到自己的人生主题。

（1）你在生活中，最为敬佩的楷模是谁？他最打动你的地方在哪里？

（2）你最喜欢的杂志、电视节目或网站是什么？你被吸引的理由是什么？

（3）你最喜欢的书或电影是什么？对你的未来有什么启发？

（4）你最喜欢的座右铭是什么？也就是你对自己的建议是什么？

（5）你的成功经验有哪些？你当时的感觉是什么，你有什么发现？

（6）综合这些内容，你发现其中有哪些联系，反映了什么主题？

5. 通过自身的实际情况，根据以下要点进行分析。

尝试用“个人—行动—环境”的互动来看待生涯规划的全过程：一个人的学习经验会受到个人特点和社会背景的交互影响，例如父母受教育程度高的家庭，也更愿意在子女教育上多投入；学习经验、自我效能感和对结果的期待又会综合影响职业兴趣和偏好。这些内在变量和社会与经济变量综合影响职业目标的确定和职业选择行为，以及在职场中的表现，其中社会与经济因素起到直接或间接的影响。

6. 阅读以下材料并回答问题。

某职业院校举办职业生涯规划大赛，一位英语专业的大三女生不以为意地说道：“我学英语，以后出来做翻译，有什么好规划的？”别人问她：“你了解翻译这个职业吗？你毕业后想做笔译还是口译？”她回答得很干脆：“只要把专业知识学好了，还怕出来找不到翻译工作吗？”

问题：

（1）这位女生说得有没有道理？

（2）学什么专业就从事什么职业，真的是这样吗？

（3）专业与职业的关系是怎么样的？

（4）如果你不喜欢所学的专业，应该怎样去规划职业路线？

第二章 自我探索与职业发展

学习目标

知识目标

1. 熟悉自我认知的内涵、原则和方法。
2. 了解职业自我的四要素。
3. 掌握性格与职业发展的关系及其测评方法。
4. 掌握兴趣与职业发展的关系及其测评方法。
5. 掌握能力与职业发展的关系及其测评方法。
6. 掌握职业能力的相关概念及其基本框架。
7. 掌握价值观与职业发展的关系及其测评方法。

思政目标

1. 培养基于清晰的自我认知的职业理想。
2. 树立并澄清个人的职业价值观。
3. 树立爱岗敬业的优良职业道德。
4. 树立对企业的责任感、对国家的使命感。

第一节 自我认知概述

一、自我认知的内涵

“自我”是指一个人对自己多方面知觉的总和。它包括对个人的一系列认识和评价，即对自己性格、能力、兴趣、欲望的了解；与别人以及环境的关系；处理事务的经验；生活的目标；等等。

自我认知是指对自己的洞察和理解，包括自我观察与自我评价。自我观察是指对自己在感知、思维和意向等方面的觉察；自我评价是指对自己在想法、期望、行为及人格特征等方面的判断与评估。自我认知是进行清晰自我定位的基础，是个人职业与事业生涯的起点。其包括认知价值观、人生方向和目标，认知性格特征，认清优势和劣势，觉察情绪变化及其原因等。自我认知是职业生涯规划的终极意义。

二、自我认知的原则

自我认知是建立在自我观察与自我分析基础上的对自我身心素质的全面评估。正确的自我认知应把握以下四条基本原则。

（一）适度性

自我认知应当适度，过高的自我认知往往会使自己脱离现实，意识不到自己的条件限制，甚至狂妄自大，由自信走向自负；过低的自我认知往往会使自己忽视自我的长处，缺乏自信，过于自卑。过高或过低的自我认知对自己的成长都是不利的。

（二）客观性

自我认知应当遵循客观性原则。尽管自我认知是自己对自己进行观察、分析和评价，但需要以客观事实作为基础和依据。人贵有自知之明，自知的可贵之处在于自知的不易。

（三）全面性

自我认知要全面。在进行自我认知的过程中，既要看到自己的优点和特长，又要看到自己的缺点和不足；既要对自我的某一方面的特殊素质进行具体评价，又要对自我的整体素质进行综合评价；既要考虑到全面的整体因素，又要考虑到其中占主导地位的重点因素。总之，认识自我时应努力克服个人主观因素的干扰，努力使自我评价趋于客观和真实。

（四）发展性

自我认知时，应以发展变化的眼光看待自己，不但应当对自己的现实素质做适当、全面、客观的评价，而且应当着眼于未来的发展变化，预见性地评估自己将来的发展潜力和发展前景。

三、自我认知的方法

自我认知的方法比较多，常用的主要有现实分析法、内省法、纵向剖析法、360度评价法、专家咨询法、职业测评法等。

（一）现实分析法

现实分析法要求准确地把握自我，对自己的人生态度、兴趣和理想有充分的认识。这就要求人们既要认识自己的外在形象，如外貌、衣着、举止、风度、谈吐等；又要认识自己的内在素质，如学识、心理、道德、能力等。

（二）内省法

曾子曰，“吾日三省吾身”。反省自己对认识、把握自己是很有好处的。内省法主要通过回答“我是谁”来反省、分析自己，反省时既要看到自己的优点和长处，又要看到自己的缺点和不足。

（三）纵向剖析法

人是不断变化、发展的。“今天的我”是以“昨天的我”为基础的，同时是“明天的我”的基础，它们既相互联系又不尽相同，但继承和发展是主要趋势，这种关系体现在知识、经验、兴趣、爱好、能力和愿望等各个方面。因此，人们可以对自己进行前后比较，深刻地了解自我、认识自我，从而对自己做出客观的评价。

（四）360度评价法

古人云：“以人为镜，可以明得失。”他人的评价就像一面镜子，映射出另一个角度的自我。360度评价法原是绩效考核方法之一，自20世纪80年代以来，其迅速为国际上许多企业所采用，其特点是评价维度多元化（通常是4或4个以上）。针对大学生职业生涯的自我认知目标，360度评价法被改良为通过收集家人、朋友、同学、同事、老师等大学生常见社会关系人员的他评信息，获得多层面人员对自己外表、态度、个性、能力、素质等方面的反馈，从而为客观全面地认识、了解自我做参考。

（五）专家咨询法

专家咨询法主要是指个体通过与专家交谈，探讨自己的人生经历、专业、学历、兴趣、价值取向、能力、个人的内外资源等，借助专家的力量来清晰地认识自我、准确地定位，从而找到自己的职业发展方向。

（六）职业测评法

职业测评是心理测验的一个分支，在学术上被广泛认可的心理测验的定义是“行为样组的客观的、标准的测量”。科学的职业测评是以特定的理论为基础，经过设计问卷、抽样、统计分析、建立常模等程序编制的，必须包含效度、信度、常模。效度是指测验结果的准确性，信度是指测验结果的稳定性，常模是指有代表性的样本在测验中的分数分布情形。

科学的心理测验是客观化、标准化的问卷，它的科学性、客观性、可比较性的功能是其他自我认识的方法不具有的，因此，得到了职业指导机构的广泛推行和使用。常用的职业测评工具主要有 MBTI 测评、霍兰德职业兴趣测评、职业锚测评、普通能力倾向成套测验等。

四、职业自我的四要素

在众多与职业相关的自我特征因素中，有一类因素在根本上影响个人的职业倾向，关系到个人能否投入工作、适应工作、重视工作、取得工作成就，这类因素被称为职业自我。

职业自我的四要素是指个体与职业相匹配过程中的最佳状态（图 2-1）。如果一个人从事一份自己喜欢的、擅长的、适合的和看重的职业，那么，他 / 她取得职业成功、实现自我价值的概率会很大。

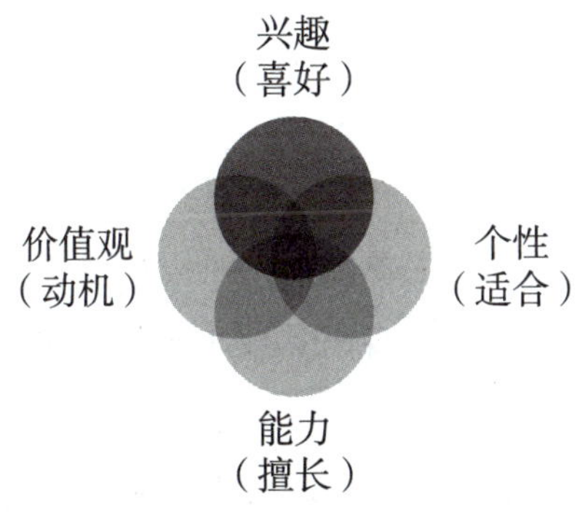

图 2-1　职业自我的四要素

（一）性格

遵照职业选择的适合原则，只有从事自己适合的职业，才能感到舒适、自在，才能充分地融入职业环境、享受职业过程。

（二）兴趣

遵照职业选择的喜好原则，只有活动对象是自己喜欢的，才能发自内心地倾向它、选定它、热衷于它，并且在困难面前坚定不移、矢志不渝。

（三）能力

遵照职业选择的擅长原则，只有进入自己擅长的活动领域，才能发挥特长，在处理问题时才能得心应手、游刃有余。

（四）价值观

遵照职业选择的动机原则，只有认为活动对象足够重要，值得付出时间与努力，才能心甘情愿地开创事业。

第二节　性格与职业

一、性格的含义

性格是一个人在对现实的稳定的态度和已习惯化的行为方式中表现出来的人格特征。性格是在社会生活实践中逐渐形成的，一经形成便比较稳定，它会在不同的时间和情况下表现出来。性格的稳定也并不是绝对、一成不变的，而是可塑的。性格和气质既有联系，又相互区分。

首先，不同气质类型的人在形成性格时是具有倾向性的。例如，多血质容易形成热情好客、机智开朗的性格特征，而黏液质则难以形成这种性格。性格也反映着一个人的气质，性格内向的人往往总体表现出黏液质或抑郁质气质，而性格外向的人往往表现出多血质或胆汁质的气质。

其次，气质更多地体现了人格的生物属性，性格则更多地体现了人格的社会属性。气质没有好坏之分，不决定一个人成就的高低，任何气质类型的人都可能成为优秀的人，也可能成为碌碌无为的人；而性格受社会历史文化的影响，有明显的社会道德评价的意义，直接反映一个人的道德风貌。个体之间的人格差异的核心是性格差异。

二、性格与职业发展的关系

英国经济学家约翰·梅纳德·凯恩斯曾说：“习惯形成性格，性格决定命运。”中国古语也有云："积行成习，积习成性，积性成命。"这都说明性格对一个人人生的影响。不同性格的人适合不同的职业，例如，驾驶员要求具备注意力稳定、动作敏捷的职业性格特征，医生要求具备耐心细致、热情待人的职业性格特征。当然，每个人的性格特征所对应的性格都不能百分之百地适合某项职业，但可以根据自己的职业方向来培养、发展相应的职业性格。职业及环境所需要的性格特性，是个人内部的动力，是确定个人在职业上的特征性行为的依据，因此也被称为"职业性格"。

在职业生涯规划过程中理解、透视性格，是为了了解自己的思考方式和行为倾向，更好地接纳自己、发展自己；也是为了了解人与人之间的性格差异，在团队合作方面提出改进措施；同时还能了解不同的性格人群在对职业的选择和适应上的倾向性，以帮助人们合理地做出职业决策、谋划职业发展。

三、通过 MBTI 测评了解性格

1. MBTI 的基本理论

MBTI 认为一个人的人格类型可以分为四个维度，每个维度有两个方向，共八个方面，即共有八种人格特点（表 2–1）。

表 2–1　人格类型的四个维度

维度	方向
我们与世界相互作用的方式	（E）外向—内向（I）
我们获取信息的主要方式	（S）感觉—直觉（N）
我们决策的方式	（T）思考—情感（F）
我们做事的方式	（J）判断—知觉（P）

外向 E—— 关注自己如何影响外部环境，将心理能量和注意力聚集于外部世界和与他人的交往上。

内向 I—— 关注外部环境的变化对自己的影响，将心理能量和注意力聚集于内部世界，注重自己的内心体验。

感觉 S—— 关注由感觉器官获取的具体信息，关注细节，喜欢使用和琢磨已知的技能。

直觉 N—— 关注事物的整体和发展变化趋势，重视推理，想象力丰富，有独创力，喜欢运用跳跃性的方式呈现事实。

思考 T—— 重视事物之间的逻辑关系，喜欢通过客观分析做决定评价。

情感 F—— 以自己和他人的感受为重，有同情心，善良，和睦，善解人意，将价值观作为判定标准。

判断 J—— 喜欢做计划和决定，愿意进行管理和控制，希望生活井然有序。

知觉 P—— 喜欢宽松自由的生活方式，能够灵活适应环境，喜欢随信息的变化不断调整目标，喜欢有多种选择。

2. MBTI 测评的详细分类

每个人的性格都在四种维度相应分界线的这边或那边，被称为“偏好”。例如，如果落在外向的那边，称为“具有外向的偏好”；如果落在内向的那边，称为“具有内向的偏好”。现实生活中，各维度的两个方面都可能在人们的性格中体现出来，只是其中一个方面更能生动地反映真实的自我。四个维度各有两个方向，一共组成 16 种人格类型，见表 2-2。

表 2-2　16 种人格类型

ISTJ · 管理者 · 行政管理 · 执法者 · 会计 或者其他能够让他们可以利用自己的经验和对细节的注意完成任务的职业	ISFJ · 教育 · 健康护理（包括生理、心理） · 宗教服务 或者其他能够让他们运用自己的经验亲力亲为帮助别人的职业，这种帮助是协助或辅助性的	INFJ · 宗教 · 咨询服务（包括个人、社会、心理等） · 教学 / 教导 · 艺术 或者其他能够促进人们情感、智力或精神发展的职业	INTJ · 科学或技术领域 · 计算机 · 法律 或者其他能够让他们运用智力创造和技术知识去构思、分析和完成任务的职业
ISTP · 熟练工种 · 技术领域 · 农业 · 执法者 · 军人 或者其他能够让他们动手操作、分析数据或事情的职业	ISFP · 健康护理（包括生理、心理） · 商业 · 执法者 或者其他能够让他们运用友善、专注于细节的相关服务的职业	INFP · 咨询服务（包括个人、社会、心理等） · 写作 · 艺术 或者其他能够让他们运用创造和集中于他们的价值观的职业	INTP · 科学或技术领域 或者其他能够让他们基于自己的专业技术知识独立、客观分析问题的职业

续表

ESTP · 市场 · 熟练工种 · 商业 · 执法者 · 应用技术 或者其他能够让他们利用行动关注必要细节的职业	ESFP · 健康护理（包括生理、心理） · 教学 / 教导 · 教练 · 儿童保育 · 熟练工种 或者其他能够让他们利用外向的天性和热情去帮助那些有实际需要的人们的职业	ENFP · 咨询服务（包括生理、心理） · 教学 / 教导 · 宗教 · 艺术 或者其他能够让他们利用创造和交流去帮助促进他人成长的职业	ENTP · 科学 · 管理者 · 技术 · 艺术 或者其他能够让他们有机会不断承担新挑战的工作
ESTJ · 管理者 · 行政管理 · 执法者 或者其他能够让他们运用对事实的逻辑和组织完成任务的职业	ESFJ · 教育 · 健康护理（包括生理、心理） · 宗教 或者其他能够让他们运用个人关怀为他人提供服务的职业	ENFJ · 宗教 · 艺术 · 教学 / 教导 或者其他能够让他们帮助别人在情感、智力和精神上成长的职业	ENTJ · 管理者 · 领导者 或者其他能够让他们运用实际分析、战略计划和组织完成的职业

以上 16 种人格类型又归于以下四个大类。

（1）传统主义类型（ISTJ、ISFJ、ESTJ、ESFJ）

传统主义类型的共性是有很强的责任心与事业心。这个类型的人忠诚，能按时完成任务，注重稳定、合作和可靠；严肃认真，工作努力，在工作中对自己要求十分严格；有比较强烈的服务于社会的需要和意识；坚定，尊重权威，有着较为保守的价值观；天性谨慎，细心尽责，重视实用，非常现实，总是从现实生活中加以学习。

（2）天才艺术家类型（ISTP、ISFP、ESFP、ESTP）

天才艺术家类型的人易受感动，有冒险精神，反应灵敏。这个类型的人为行动、冲动和享受当下而活着，常常被认为看作是喜欢活在危险边缘寻求刺激的人；崇尚英勇的行为，爱玩乐，喜欢制造乐趣；天真率直，喜爱自然探险，对于身体的感受更加敏感；最大的优点就是知识丰富，容易兴奋而且有趣；对理论、抽象或概念性的东西不太感兴趣，经常会无视生活和工作中的一些重要的逻辑联系。

（3）科学家、思想家类型（INFJ、INFP、ENFP、ENFJ）

科学家、思想家类型的人是独立、理性、有能力的人。这个类型的人有着天生的好奇心，有创造力、洞察力，有获取新知识的强烈兴趣，有极强的分析问题和解决问题的能力；喜欢理论性和技术性强的工作，喜欢抽象的思想和理论概念，对知识有无尽的渴望；喜好研究理论，懂得复杂的理论性思想，而且善于推断原理和趋势；的逻辑性很强，擅长分析，对待事物客观而公平。

（4）理想主义类型（INTJ、INTP、ENTP、ENTJ）

理想主义类型的人在精神上有极强的哲理性。这个类型的人能言善辩、充满活力，有着非同寻常的影响别人的能力；能帮助别人成长和进步，具有极大的鼓舞性，被称为传播者或催化剂；不管何时何地，如果能够将深植于内心的信仰付诸行动，就会显得热情洋溢，非常有说服力；极其善于解决矛盾，帮助人们更有效地在一起工作，而且有能力帮助他人；对这个类型的人来说，正直的品格，对于自己的信仰忠贞不渝，这两者是作为一个人不可或缺的，依靠它们才能最终成就人生的成功。

3. MBTI 测评注意事项

一个人的 MBTI 人格类型是由遗传因素、成长环境等决定的，25 岁以后，人格类型一般很难改变，只有性格偏好的程度会随着年龄的增长而有所变化。根据 MBTI 理论，每种个性类型均有相应的优缺点，适合的工作环境、岗位特质亦有区别。对于大学生而言，使用 MBTI 进行职业选择的关键在于如何将个人的人格特点与职业特点相结合。在进行 MBTI 测评时需要注意以下问题。

（1）做正式的 MBTI 测验。通过文字描述往往很难立刻准确判断一个人的 MBTI 类型。为了更好地理解 MBTI 类型，做一些正式的测验，再结合自己在日常生活中的性格表现判断自己属于哪种类型。

（2）不要陷入类别名称的描述。16 种 MBTI 类型各有其职业倾向。其中职业倾向的描述都是从大的类别来描述的，例如，前文看的职业倾向没有细化到车辆工程、光信息科学与技术这些专业。但根据日常认知可知，NT 也就是直觉思考型的人可能更适合理论性强、技术性强的工作。所以在理解自己的职业倾向时，不要陷入类别名称的描述，重要的是看到这一类别工作的特点。工作名称千变万化，即使相同名称的职位，也可能因公司不同而要求各异，所以，只有知晓适合自己性格类型的工作特点，才能灵活地运用这一理论帮助自己选择工作。

（3）不要绝对地看待评测结果。在 MBTI 的评测结果中，每个维度上一个人只能是一种偏好，如一个人是内向的就不可能是外向的，是知觉型的就不会是判断型的。但是，这并不表示一个人是内向的就没有丝毫外向的特征，所以，不要绝对地看待评测的结果。

（4）偏好类型无好坏之分。在运用 MBTI 性格类型时应该注意：正如每个人有不同的指纹、有不同的性格一样，每个偏好、每种类型没有好坏之分，也没有对错之分。每种类型都是独特的，会在适合的环境中发挥自己的特点。认识自己的性格类型，可以更好地了解自己，理解自己的行为特点，进而根据自己的特点学习、工作和解决问题，但这并不意味着它可以成为约束自己不做某事或不选择某种事业的借口。世界上没有百分之百适合某种性格的职业，也没有百分之百不适合某种性格的职业，同时，人与环境之间的互动也很复杂，很难用某个标准来评价，懂得用己之长，整合资源，才是问题解决之道。

自我测评

第三节　兴趣与职业

一、兴趣与职业兴趣

（一）兴趣的含义与形成

1. 兴趣的含义

兴趣是人对事物的特殊的认识倾向，该认识倾向是当以个体的特定活动、事物以及人的特性为对象的时候，所产生的情绪紧张状态，即满意的情绪色彩和向往心情。因为兴趣规定了个人积极探索事物的认识倾向，因而为行动和认识提供了动力，使其对感兴趣的事物优先注意，反映出独特的向往意识。兴趣是以需要为基础的，任何一种兴趣都是在有关活动过程中由于使自己情绪上得到满足或者使自己获得想要的知识而产生的。

简单地说，兴趣就是热爱，就是抛开一切现实因素，自己在做什么事情时是非常兴奋、非常投入、乐此不疲的？注意不要把父母的期望、社会的价值观和朋友的影响融入自己的答案。假如突然之间得到一个机会，让自己觉得非常好，想要参加，这是一个什么样的机会？假如接到一个电话，说有一个很好的工作，和自己想象的一样，这是一个什么样的工作？我国文学作家冰心曾说：“有了爱就有了一切。”

2. 兴趣的形成过程

根据发展程度的不同，可以把兴趣的形成过程划分为三个阶段：有趣、乐趣和志趣。有趣是兴趣形成的第一个阶段，处于这阶段的兴趣与对事物的新奇感相联系，非常不稳定，往往新奇感消失了，兴趣也就没有了。乐趣是兴趣发展的第二个阶段，在这个阶段兴趣变得更加专一、深入。当乐趣与社会责任感、理想、奋斗目标结合起来时，兴趣就进入了第三个发展阶段——志趣。志趣是个体取得成就的根本动力，是成功的重要保证。

案例分享

兴趣是可以培养的

小刘是一名就读于某职业技术学校商务英语专业的一年级学生。她从小就喜欢设计，想选择设计专业。但是小刘爸爸却要她选择商务英语专业，说读这个专业将来能有一份好的工作。小刘对商务英语一点兴趣都没有，可是又没有办法改变现状。

后来，在学校她向班主任求助，班主任给她进行了细致全面的分析。由于无法改变父母的决定，就需要接受这个专业，如果因为商务英语专业与自己的兴趣不符而不去努力学习，最终会让时光白白流失；如果试着了解这个专业，在学好商务英语专业的同时，利用业余时间学习自己喜欢的设计，结果既能学好现在的专业，也能把设计自学好。通过与老师交流，小刘认识到不能学习自己感兴趣的专业并不一定会导致自己的理想破灭，商务英语本身与自己的兴趣和理想并没有冲突。没有认真学习商务英语并不能说明自己就没有商务英语方面的兴趣和才能。班主任同时给她看了一些专业方面的就业前景，去年的毕业生在当地的会展中心工作，那儿需要的恰好是那种既懂商务英语，又有一些美术才能的人才。观念转变后，小刘渐渐地喜欢上了现在的专业。她说："我现在对这个专业也挺感兴趣的。"

（资料来源：蒋德勤，俞浩，施培智．大学生职业生涯规划［M］．合肥：安徽大学出版社，2022.）

二、兴趣与职业生涯发展的关系

一个人对某一专业乃至将要从事的某种职业有深厚的兴趣，对其学习活动和职业生涯有着相当重要的作用。大学生在选择职业时，应该从自己的兴趣爱好出发择业，在校期间应处理好兴趣与专业的关系，找到一种最适合自己的学习方式，充分发挥自己的潜能，将能力和兴趣结合起来，这样可以提高工作效率，增强工作满意感和稳定性，取得职业生涯的成功。

兴趣与职业生涯发展的关系

每个在校学习的大学生，都对生活怀有多彩的憧憬，想象着职业生涯之路，都对未来寄予美好的希望，勾画着实现人生价值的蓝图。然而要想取得成功，想要发挥自己的创造力，就一定要对工作充满激情，因为激情是成功的原动力，真正的激情只有一个来源，那就是 —— 兴趣。

马克思在《青年在选择职业时的考虑》中谈到“我们应当认真考虑：所选择的职业是不是真正使我们受到鼓舞？我们的内心是不是同意？”这句话说明兴趣是一个人积极探究某种事物的心理倾向。兴趣的发展一般从有趣开始，逐渐产生乐趣，并不断与奋斗目标相结合，发展成志趣，从而表现出方向性和意志性的特点。

对于现在的在校大学生来说，应该注意对自己即将从事的职业兴趣的培养。不了解自己即将从事的职业，就认为自己对所学专业不感兴趣，是不少初入校新生的心态。世界上有许多有成就的人，并非一开始就对自己所从事的职业有兴趣，而是在与职业的接触过程中了解这个职业，通过了解开始喜欢，在喜欢的基础上产生了对职业的热爱，在热爱这种职业中又提升了对这种职业的情感，并沉醉于自己的投入之中。大学生应该培养自己对众多事物的兴趣，特别是搜集自己所学专业对应的职业群的有关信息，关注它们的现状和发展趋势，并在对这一职业群产生广泛兴趣的基础上，重点逐渐培养对其中某一职业的兴趣。

大学生在选择职业生涯时，不仅需要知道自己有能力从事什么样的工作，也需要知道自己对哪类工作感兴趣，并能满足自己的向往。只有将能力和兴趣结合起来考虑，才更有可能取得职业生涯的成功。具体来说，兴趣对职业生涯发展的影响主要表现在以下几个方面。

1. 兴趣是大学生职业生涯选择的重要依据

就像在日常生活中喜欢从事自己感兴趣的活动一样，具有一定兴趣类型的人更倾向于选择自己感兴趣的职业。因而，对自己的兴趣或兴趣类型有了正确的评估后，就可以预测或帮助自己选择职业生涯。

2. 促进智力开发，挖掘潜能

一个人对于某一事物具有较为浓厚的兴趣，就会激发其对寻求该事物相关的求知欲望和探索热情，并调动全身心的积极性，投入学习和工作之中。这时，其智力和体力都能够进入最佳状态，从而最大限度地调动主观能动性和创造性，发挥自身潜能，并在此基础上促进个人乃至社会的进步和发展。

3. 提高工作效率

如果一个人对某种工作有兴趣，能发挥其全部才能的 80% ～ 90%，并且能长时间保持高效率而不知疲倦。相反，如果一个人对某种工作没有兴趣，则只能发挥全部才能的 20%～30%，还容易精疲力竭。所以兴趣可以通过工作动机促进个人能力的发挥，兴趣和能力的合理结合会大大提高工作效率。古今中外著名的科学家、文学家、艺术家等，都是在强烈的兴趣驱动下取得了学业和事业的成功。

4. 兴趣影响工作满意感和稳定性

一般来说，从事自己不感兴趣的职业很难让人感到满意，并由此导致工作的不稳定。兴趣对职业选择的影响是不容忽视的，应尽早开始发掘并且培养自己的兴趣，为今后在选择职业和被选择时增加优势，更好的工作和生活。

三、霍兰德职业兴趣测试

美国职业指导专家霍兰德提出人格—职业匹配理论，注重兴趣与职业的关系。根据人格心理学的概念和大量职业咨询的实践与研究，霍兰德从整个人格的角度来考察职业选择问题，其职业理论中对我国影响最大的是人格—职业匹配理论。在他的理论中，人格分类等同于兴趣分类，所以其人格分类也常作为兴趣分类来介绍。

（一）霍兰德职业兴趣类型

下面将通过“降落兴趣岛”这一游戏，加深对霍兰德的职业兴趣理论的理解。

请想象在常年的紧张工作和学习之后，现在要给自己放一个长假，换个环境，到一个遥远的岛屿上度过一年的时光。度假地点将在以下六个岛屿中选择，会选择哪一个？要知道，这些岛屿相对封闭和遥远，一旦到达，将很少有机会能和外界联系，更换岛屿更是不可能。请按 1、2、3 的顺序挑出三个岛屿。

岛屿 R：自然原始的岛屿。岛上保留有原始森林，自然生态保持得很好，有各种野生动物。岛上居民生活状态还相当原始，他们以手工见长，自己种植花果蔬菜、修缮房屋、打造器物、制作工具，喜欢户外运动。

岛屿 I：深思冥想的岛屿。岛上人迹较少，建筑物多僻处一隅，有多处天文台、科技馆及藏书丰富的科学图书馆等。岛上居民喜好观察、学习、探究、分析，崇尚和追求真知。常有机会和来自各地的哲学家、科学家和心理学家等交换心得。

岛屿 A：美丽浪漫的岛屿。充满了美术馆、音乐厅、街头雕塑和街边艺人，弥漫着浓厚的艺术文化气息。当地人很有艺术、创新和直觉能力，他们保留了传统的舞蹈、音乐和绘画，许多文艺界的朋友都喜欢来这里寻找灵感。

岛屿 S：友善亲切的岛屿。岛上居民个性温柔、友善、乐于助人，社区均自成一个密切互动的服务网络，人们重视互相合作，重视教育，关怀他人，充满人文气息。

岛屿 E：显赫富庶的岛屿。居民善于企业经营和贸易，能言善辩，以口才见长。岛上经济高度发展，处处是高级饭店、俱乐部、高尔夫球场，来往者大多是企业家、经理人、政治家、律师等，曾多次在这里召开财富论坛和其他行业巅峰会议。

岛屿 C：现代化的岛屿。岛上建筑十分现代化，是进步的都市形态，以完善的户政管理、地政管理、金融管理见长。岛上居民个性冷静保守，处事有条不紊，善于组织规划，细心高效。

其实，这六个岛屿代表着六种典型的职业生涯兴趣类型，它们的相关位置就像一个正六边形（图 2–2）。

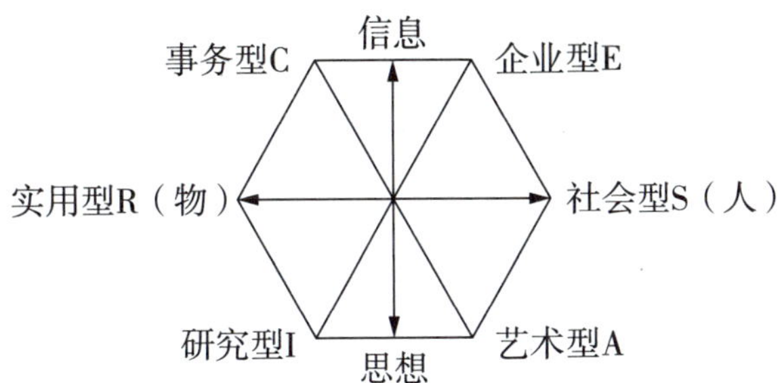

图 2–2　六种典型的职业生涯兴趣类型

1. 实用型

（1）愿意使用工具从事操作性工作。

（2）动手能力强，做事手脚灵活，动作协调。

（3）不善言辞，不善交际。

实用型主要是指各类工程技术工作、农业工作。通常需要一定体力，需要运用工具或操作机器。

2. 研究型

（1）抽象思维能力强，求知欲强，肯动脑，善思考，不愿动手。

（2）喜欢独立的和富有创造性的工作。

（3）知识渊博，有学识才能，不善于领导他人。

研究型主要是指科学研究和科学实验工作。

3. 艺术型

（1）喜欢以各种艺术形式的创作来表现自己的才能，实现自身的价值。

（2）具有特殊艺术才能和个性。

（3）乐于创造新颖的、与众不同的艺术成果，渴望表现自己的个性。

艺术型主要是指各类艺术创作工作。

4. 社会型

（1）喜欢从事为他人服务和教育他人的工作。

（2）喜欢参与解决人们共同关心的社会问题，渴望发挥自己的社会作用。

（3）比较看重社会义务和社会道德。

社会型主要是指各种直接为他人服务的工作，如医疗服务、教育服务、生活服务等。

5. 企业型

（1）精力充沛、自信、善交际，具有领导才能。

（2）喜欢竞争，敢冒风险。

（3）喜爱权力、地位和物质财富。

企业型主要是指那些组织与影响他人共同完成组织目标的工作。

6. 事务型

（1）喜欢按计划办事，习惯接受他人指挥和领导，自己不谋求领导职务。

（2）不喜欢冒险和竞争。

（3）工作踏实，忠诚可靠，遵守纪律。

事务型主要是指各类与文件档案、图书资料、统计报表之类相关的各类科室工作。

通过职业生涯兴趣类型图可以看出，每一种类型与其他类型之间存在不同程度的关系，大体可描述为三类。

第一类为相邻关系，如 RI、IR、IA、AI、AS、SA、SE、ES、EC、CE、RC 及 CR。属于这种关系的两种类型的个体之间共同点较多，实用型 R、研究型 I 的人都不太偏好人际交往，这两种职业环境中也都较少机会与人接触。

第二类为相隔关系，如 RA、RE、IC、IS、AR、AE、SI、SC、EA、ER、CI 及 CS，属于这种关系的两种类型个体之间共同点较相邻关系更少。

第三类为相对关系，在六边形上处于对角位置的类型之间即为相对关系，如 RS、IE、AC、SR、EI 及 CA。相对关系的人格类型共同点少，一个人同时对处于相对关系的两种职业环境都兴趣很浓的情况较为少见。

人们通常倾向选择与自我兴趣类型匹配的职业环境，如具有现实型兴趣的人希望在现实型的职业环境中工作，可以最好地发挥个人的潜能。但职业选择中，个体并非一定要选择与自己兴趣完全对应的职业环境。一是因为个体本身常是多种兴趣类型的综合体，单一类型显著突出的情况不多，因此，评价个体的兴趣类型时，也时常以其在六大类型中得分居前三位的类型组合而成，组合时根据分数的高低依次排列字母，构成其兴趣组型，如 RCA、AIS 等；二是因为影响职业选择的因素是多方面的，不完全依据兴趣类型，还要参照社会的职业需求及获得职业的现实可能性。因此，人们在职业选择时会不断妥协，寻求与之相邻职业环境、甚至相隔职业环境，在这种环境中，个体需要逐渐适应工作环境。但如果个体寻找的是相对的职业环境，意味着所进入的是与自我兴趣完全不同的职业环境，则人们工作起来可能难以适应，或者难以做到工作时觉得很快乐；相反，可能会每天工作得很痛苦。

（二）霍兰德职业兴趣类型的特性

霍兰德兴趣类型所呈现的正六边形具有以下五大特性。

1. 适配性

不同类型的人需要不同的生活或工作环境，因为合适的职业环境才能给予其所需要的机会与奖励，这种情况即称为适配。例如，职业兴趣为现实倾向的人喜欢用手、工具、机器制造或修理东西，愿意从事事务型的工作、体力活动，喜欢户外活动或操作机器，而不喜欢在办公室工作。他们比较适合去做园艺师、木匠、汽车修理工、工程师等与“事物”打交道比较多的工作。

2. 一致性

六边形相邻的类型一致性高，六边形相对的类型一致性低。例如，实用型和研究型在六边形中的距离是最近的，他们在某些性质上有很多共通的地方，表现为不善与人接触、较男性化等；而事务型和艺术型在六边形中的距离最远，一致性也就最差，甚至可以说两者所具有的特点是完全不同的。在现实世界里，受主客观因素的影响，不是所有人都能够有机会到一个完全适合自己的环境中去工作，这个时候，人就要学会适应和妥协，学会退而求其次，至少要能够争取到一个还比较适合自己的工作环境。比如说一个社会型的人，如果找不到一个社会型的岗位，也要争取到一个艺术型或企业型的岗位，同时也要去事务型或研究型的岗位，实用型的岗位最好不要去。

3. 横坐标

向左的箭头表示个体对物的兴趣，向右的箭头表示对人的兴趣。在六边形中的位置越靠左边，表明个体对物的兴趣越强，是典型的实用型；越靠右边，表明个体对人的兴趣越强，是典型的社会型。可以根据个体人格类型在图中左半边还是右半边的相对位置，判断个体对人还是对物更具有倾向性。

4. 纵坐标

向上的箭头表示个体喜欢加工处理已有信息、资料，向下的箭头表示个体喜欢独立思考，产生新的思想。在六边形中的位置越靠上，表明个体对信息、资料的兴趣越强，比如事务型和企业型；越靠下，表明个体对思想的兴趣越强，比如研究型和艺术型。

5. 区分性

区分性跟霍兰德代码这个概念有关，因为个人的职业兴趣往往是多方面的，很少有人只集中在一种类型上。每个人都或多或少地具备所有六种兴趣，只是偏好程度不同而已，所以通常用最强的三种兴趣的字母代码（霍兰德代码）来表示一个人的兴趣。但是这三种兴趣在六边形中的位置分布却有一定的讲究：如果三个选项都较为接近某一类型，比如说霍兰德代码为 AIS 的人，因为 A、I、S 这三种兴趣类型在六边形中是相邻的，之间一致性很高，那么在解释这个人的职业兴趣时就可以解释为其主要喜欢从事与人群有关的工作并且喜欢独立思考，这个人的职业兴趣的区分性就比较高；如果三种兴趣类型的位置非常分散，没有集中在一个方向上，比如说 ICS 这种类型，三种兴趣之间的一致性很低，表示职业兴趣的区分性较低。而区分性差的结果，在解释时力度也减弱很多。

在长期的职业生涯过程中，职业并非一成不变的。事实上，许多成功人士都在做与职业类型偏离的工作。当然，做与自己职业兴趣吻合度高的工作，可能会更快乐，更容易发挥出自己的能力。对于大学生而言，由于工作经验较少，将职业兴趣测试作为一种工具来帮助自己进行职业生涯规划，更容易发挥自己的优势并取得成功，从而实现人生理想。

案例分享

上司喜爱的员工却屡遭客户抱怨

小张所在的公司召开部门经理会议，讨论了困扰公司已久的顾客对一线员工的投诉问题。总经理要求人力资源部门也介入调查，并在一个月内找出答案——是员工的素质问题？还是领导方法问题？或者是管理制度的问题？

这个让部门经理们束手无策的问题，对刚上任不到 3 个月的小张确实是一个不小的挑战。小张经过初步调查，有一个奇怪的感觉：公司销售部、售后服务部、咨询部共 300 多名一线员工中，得到上级主管好评的，大部分的顾客评分都较低；相反，顾客评分较高的一线员工，大部分的上级主管评分都较低。为什么上司喜爱的员工却受到客户的抱怨呢？

正当小张感到茫然无措时，人力资源管理咨询公司找到了他，并且帮助他对每位员工进行了测试。

测试的结果显示，得到顾客较高评分的 121 位员工中，社会型的员工占 96%；而得到上级主管较高评分的 130 位员工中，事务型的员工占 98%。

这个结果说明，社会型的员工容易受到顾客的好评，而事务型的员工则容易受到上级主管的好评。按照霍兰德的职业理论不难理解，社会型的人有自己的主见和特长，喜欢从事为他人服务的工作。而事务型的人尊重权威、习惯接受他人指挥和领导、工作踏实、忠诚可靠，上级主管当然喜欢。

同时，小张还发现另一个有趣的现象：这 300 多名员工分别是由两个经理招聘录用的，即李经理挑选的员工中，研究型占 68%，事务型占 20%、社会型占 12%；张经理挑选的员工中，社会型占 73%，研究型占 15%，事务型占 12%。而李经理本人是研究型的，张经理本人是社会型的。

很明显，负责招聘的主管人员倾向于聘用与自己同类型的人。

小张这回胸有成竹了。他提出了建议调整招聘制度和绩效管理制度的报告。

（1）决定摈弃主管考评制度，代之以比较客观的业绩评估——顾客满意度评分的绩效管理制度。

（2）把职业性向为社会型或企业型作为招聘服务顾客的一线员工的标准。

（3）将招聘程序改为：首先通过人力资源中心测试，挑选出社会型或企业型的候选人。人力资源部将这些候选人推荐给部门经理，再由部门经理确定最后的人选。

进行了以上改革后，该公司社会型和企业型的一线员工的比例增加了 26%，平均顾客评分大大提高。

以上案例中的社会型、事务型等就是霍兰德类型中的一部分。在霍兰德的职业理论中，其核心假设是人可以分为六大类，即实用型、研究型、社会型、事务型、企业型、艺术型，职业环境也可以分成相应的同样名称的六大类，人格与职业环境的匹配是形成职业满意度、成就感的基础。

（资料来源：金德禄．大学生职业生涯规划与就业指导 [M]．南京：东南大学出版社，2020.）

自我测评 2

第四节　能力与职业

一、能力对于职业发展的意义

能力是人顺利完成某种活动所必须具备的心理特征。能力是完成活动的基本条件，而且能力的高低直接影响到活动的效率。一个人能否取得事业的成功与个人的能力水平有直接的关系。不同的职业对从业人员的能力有不同的要求，应根据自身的能力状况选择职业，尽量使自身的能力与职业要求相一致，才能做到人尽其才。在相同的工作环境中，能力强的人更能顺利、出色地完成工作任务，也就更容易取得成功。而能力弱的人在工作中遇到问题时处理起来比较困难，或者无法胜任难度高的工作，也就难以有所超越、有所创造。但如果一个人所具有的能力水平远远高于所从事职业的能力要求，就会造成人才浪费，影响工作的效果。所以，大学生在进行职业规划时，应了解自身的能力状况，了解自己的能力优势所在，了解希望从事的职业对能力的要求，尽可能使自身的能力与职业要求相一致，这有助于成功择业，把自身的作用最有效地发挥出来。

四种动物的职业选择

二、能力的分类与差异

大学生在进行职业规划时，要了解人的能力有哪些，注重对自身能力的分析，并提高自己的能力。按照不同的标准，能力有不同的分类，可以分为一般能力和特殊能力。

一般能力是在很多基本活动中都会表现出来的，比如观察力、记忆力、注意力、想象力、思维力都属于一般能力，一般能力是进行各种活动都必须具备的能力。

特殊能力是在某些专业活动中表现出来的能力，比如在绘画中表现出来的绘画能力，在唱歌跳舞中表现出来的音乐能力，在写作中表现出来的写作能力。再如对职场而言，也需要相应的职业能力。要顺利完成一种活动，必须具备一般能力和专业活动需要的特殊能力。

对个体而言，一个人往往拥有多种能力，且能组成一个能力系统。在这个系统中，各种能力的发展是不均衡的，会有一两种特殊能力占优势。历史上许多杰出人物都是如此，比如爱因斯坦在物理方面具有杰出的才能，同时也是一个小提琴手；张衡是一个天文学家，同时也是一个文学家。

在一个人的生活、工作中，优势能力占主导地位，其他能力起增强优势能力的作用。人们在处理和解决问题时，往往会综合不同的能力。在完成同样的任务时，不同的人所运用的优势能力是不同的。区分优势能力和非优势能力对于有效发挥优势能力的作用具有重要意义。

一个人在各方面都有很强的能力的情况是很少见的，而职业对人的要求越来越高，所以大学生要从整体上认识和发展自己的能力，努力了解自己的能力范围，了解自己的特殊能力和优势能力，这对职业选择具有重要意义。大学生应该从自身能力特点出发，充分了解自己的优势所在，将优势能力与职业特点结合起来，尽力使自己在未来所从事的工作能使自己的优势能力充分发挥出来。

大学生就业应有的能力主要有以下几个方面。

1. 自我决策能力

自我决策能力是一个人能否独立思考、果断处事和独立完成某项工作的能力。对于即将毕业走向社会的大学生来说，选择职业就是对自我决策能力的一次检验。在未来的工作中，大多数问题以及它们的变化进展都不会有人给你指导，必须靠自己迅速做出决定及时予以处理。因此，具有良好的自我决策能力对大学生就业是十分重要的。

2. 适应社会能力

适应社会和改造社会是对立统一的两个方面。现实生活常常不尽如人意，使刚刚步入社会的大学毕业生很难适应。大学毕业生面对现实生活中的消极现象常常产生不安、不满的情绪，而常常以改造社会为己任的大学生却忽视了适应社会这个前提。人类文明总是在继承与创新的矛盾运动中发展的，适应社会，正是为了担当社会赋予的职责和使命。对社会、对环境的适应，是主动的、积极的适应，不是消极的等待和对困难的反映，更不是对消极现象的认同，大学生只有具备较强的社会适应能力走向社会后，才能尽可能地缩短自己的适应期，充分发挥自己的聪明才智。

3. 实践操作能力

实践操作能力是人们知识转化为物质力量的凭借，是专业工作者必须具备的一种能力。在现实生活中，尤其是教学、科研、生产第一线，大学生实践操作能力的强弱，将直接影响到其作用的发挥。比如，作为一名教师，只有丰富的知识还是不够的，还要有把自己的知识传授给学生的能力。因此，大学生应注意克服只注重理论学习，而轻视实践操作的倾向。一个大学毕业生如果在实践操作上有过硬的本领，一定会受到用人单位的青睐。仍以教师这个职业为例，许多用人学校在挑选毕业生时，往往注重的是毕业生的试讲能力和试讲效果，而不只是他们的专业考试成绩。

4. 表达能力

表达能力是指运用语言阐明自己的观点、意见或抒发感情的能力，主要包括口头表达能力和书面表达能力。一个人要想被了解、重视，要想更好地发挥自己的才能，其前提就是要有表现自己的能力。要准确表现自己，就离不开出色的表达能力。大学生不仅在参加工作走向社会后，会立即强烈地意识到这一点，在求职择业的时候就会有深切的感受。比如撰写求职信、自荐信、个人材料，回答招聘人员提问，接受用人单位的面试等，第一个环节都需要较强的表达能力。

5. 社交能力

社交能力实际上就是与他人相处的能力。社会上的人际关系远不如学校中的同学、师生关系那么简单。大学生步入社会后，要与各种各样的人产生不同的关系。能否正确、有效地处理、协调好工作生活中人与人的各种关系，不仅影响一个人对环境的适应状况，而且影响着他的工作效能、心理健康、生活的愉快和事业的成就，因此，大学生自觉地培养良好的社交能力非常重要。

6. 组织管理能力

虽然不是每个大学毕业生都会从事管理工作，但是在实际工作中每个从业者都会不同程度地需要组织管理才能。现代社会职业表明，不仅领导干部、管理人员应当具备组织管理才能，其他专业人员也应当具备。随着时代的发展，纯“书生型”的人才已不能适应社会的需要。近年来，许多用人单位在挑选录用大学毕业生时，在同等条件下，往往会优先考虑那些曾担任学生干部，具有一定组织管理能力的毕业生，这正反映了时代的客观要求。

以上主要是从普遍性这个角度来谈大学毕业生应具备的知识和技能。大学毕业生就业只是职业生涯的开端，绝不意味着一生只在一个岗位上，在以后的人生道路上还会面临很多机会。在严峻的就业形势下，大学生不可固守职业理想，白白错失就业良机，而应先尽力把握一个就业机会，在实践中提升自身含金量，提高技术、人际、管理等各方面之能力，为再次寻找理想职业做准备。

自我测评

三、能力的培养

大学生在校期间要充分利用学校提供的资源，有目的、有计划地发展个人的能力。多一种技能，就意味着多一次选择职业的机会。但并不是要求全知全能，而是在突出一种专业技能的同时，努力拓展多种技能，做到一专多能。除了要掌握本专业的知识技能，还要了解掌握相关专业的知识技能。通过锻炼，积累出属于个人的独特素质，在职业选择中将处于有利位置。发展个人能力需要个人对自己进行分析判断，并结合专业特点来着重培养从事某一职业的专业能力。另外，还要培养一些职业综合能力，如计算机应用能力、外语交流能力；在学习中培养信息收集和筛选能力、独立决策和实施的能力、准确的自我评价能力；在学校组织的活动中锻炼自己团队协作、人际交往和善于沟通的能力。这样才会有更多的机会选择能够发挥自身特长、令自己满意的职业。

除此之外，大学生还要加强基本功的训练。有些事看似容易做起来难，因此，不光要掌握方法，还要切实加强能力的训练。不仅知道怎样做，还能把事情做好。比如画画，从老师那里或书本上学到了用笔的技法，但是要画好还需自己下功夫。单有理论，缺乏实力，画是画不好的；反之，只是埋头苦干，没有前进的方向，不了解更好的发展方法，也是事倍功半。所以说，方法与能力缺一不可。要了解如何规划自己的发展，还要切实地提高自身的能力。如果只是停留在方法的层面，也难以取得实实在在的效果。

案例分享

不同的工作给我不同的经验

2022 年，刚毕业的小张在大学期间做过各种各样的工作，用他自己的话说就是，“大学生做的兼职，我几乎没有啥没做过的。”专科三年，本科两年，在五年时间里，小张摆过地摊、卖过电脑，但就读于播音主持专业的他做得更多的兼职工作是与自己特长和专业相关的商演、婚庆主持、培训老师；等等。

五年前，小张上大一，第一份兼职让这位初出茅庐的“主持人”紧张万分，虽然早就在下面把台词背得特别熟了，上台之后，他还是很胆怯。像这样，做过几次主持的工作之后，小张有了一定的经验，也得到了他人的认可，“从那以后，我没少做这样的兼职，商演、婚庆，后来还在培训学校讲课，这些能力基本都是靠那时的兼职逐渐锻炼出来的。”

（资料来源：张敏，张亦弛，罗兴娅．大学生职业生涯发展实务学生手册［M］. 北京：石油工业出版社，2022.）

四、职业能力的提升

1. 职业能力概述

能力是调用知识、运用智力、借助技能，顺利完成某种实践活动的个性心理特征。职业能力则主要指从业人员为胜任某一职业要求而必备的素质，是人们从事某种职业的多种能力的综合。例如，一位医生只具有专业能力是不够的，还必须具有临床实践能力，与患者的沟通交流能力，对医疗问题和医疗效果的分析、判断能力等。如果说职业兴趣或许能决定一个人的择业方向，以及在该方面所乐于付出努力的程度，那么职业能力则能说明一个人在既定的职业方面是否能够胜任，也能说明一个人在该职业中取得成功的可能性。

职业能力是未来就业的基石，其重要性类同于骨骼对人体的意义。职业能力是在竞争激烈的人才市场上获得优势，谋求更高报酬的主要筹码。排除这类功利性的考虑，那些对自己的能力优势和潜在优势了解得最深入、最充分的人，才最有可能找到自己所热爱、擅长并且能够保持持续性的职业领域。

“你的能力如何？”是每位应聘者都需心中有数的问题，也是一个人能否进入职业的先决条件，即个人素质的核心。当人的能力能适应所从事的职业，人们往往成竹在胸，否则，即便达成目标的意愿再强，也只能望洋兴叹。发现、培养和展现自己的能力是谋得理想职位不可或缺的。

案例分享

“技术通”肖强

小肖，2020年毕业于广州某高校的汽车检测与维修技术专业，在当地一家汽车销售代理公司做销售。和他一同入职的还有另外两名销售员——小王和小何。

三个年轻人中，小肖的工作起步最为艰难。小王的姑父是市汽车行业协会的理事长，在圈内有比较广的资源。小王入职后不久，就用殷勤的态度获得了部门经理的青睐，有大客户的单子也总是由小王来做。大半年下来，小王的销售业绩远远高于小何和小肖。

小肖一开始也觉得委屈，觉得这个环境对自己不公平。但不久之后，他就释然了——别人的条件自己是无法改变的，能够做出改变的只有他自己。

于是，在小王优哉游哉地看微信、玩游戏的时候，小肖在钻研代理销售汽车各个型号的性能特点、技术工艺，了解、总结竞争车型的优缺点；在小何和经理吃饭、聊天的时候，小肖紧盯着部门销售业绩突出的前辈，向他们请教与客户沟通的技巧。在平时的工作中，小肖坚持做销售笔记，记录与客户的谈话概要，捕捉市场需求，琢磨客户心理规律。慢慢地，小肖成为销售部的“技术通”，大多数时候对客户的问题都能做出及时、准确的解答，而不像很多销售人员，总在需要时才咨询技术部的工程师。一些客户开始介绍自己的亲朋好友来找小肖买车，也有客户明确要求既懂业务又懂技术的小肖来跟踪自己的单子。就这样，小肖逐步开拓出了自己的销售渠道，业绩稳步提升。

工作不到两年，小肖便成为公司的销售明星，过硬的专业能力使他的工作道路越走越远。小肖感慨地说，我以自己的生涯经历证明，专业能力是提升业绩的制高点。

（资料来源：李文锋，于红芸．大学生生涯规划与职业发展实训手册［M］．济南：山东人民出版社，2022.）

2. 职业能力的类型

由于职业能力是多种能力的综合。因此，可以把职业能力分为一般职业能力、专业能力和职业综合能力。

（1）一般职业能力。一般职业能力主要是指一般的学习能力、文字和语言运用能力、数学运用能力、空间判断能力、形体知觉能力、颜色分辨能力、手的灵巧度、手眼协调能力等。此外，任何职业岗位的工作都需要与人打交道，因此，人际交往能力、团队协作能力、对环境的适应能力及遇到挫折时良好的心理承受能力，都是在职业活动中不可缺少的能力。

（2）专业能力。专业能力主要是指从事某一职业的专业能力。在求职过程中，招聘方最关注的就是求职者是否具备胜任岗位工作的专业能力，例如，教学工作岗位最看重求职者是否具备最基本的教学能力。

（3）职业综合能力。职业综合能力主要包括四个方面：跨职业的专业能力、方法能力、社会能力和个人能力。

案例分享

一名女大学生的求职忠告

在还有三个月就要毕业时，面对就业压力，一名自称“宁同学”大四女生却写下了一封求职忠告。

报考公务员，苦于英语没过六级

我有很多话，想转告给那些正在上大学的学弟学妹们。

作为一名新闻专业的大四学生，找工作必然是当前最重要的事情。我在大四上学期还没有感受到找工作的压力，依旧是每天悠闲度日，旷课睡觉，期末时临阵磨枪一下，混个及格。而此时，身边很多同学已经开始早出晚归，或实习或考证或考研，白天在学校能看到的熟悉的身影越来越少，我这才有一点真要毕业的感觉，可是一时也不知道应该从哪里着手迎接毕业。

看到大家都考研，我就跟风去报了名，结果自己真的不是可以坐下来学习的人，赖在宿舍看电视剧，结果考研自然是做了“酱油党”。后来想去参加公务员考试，给自己找点事做，结果打开国考职位表，心仪的职位不是要求党员，就是要求英语六级。就这么一条看似简单的条件，却让自己连报考的资格都没有。国考没希望，那就开始找工作吧！先做个简历，下载了模板，却不知自己有什么成绩可以写在简历上。想想自己快毕业了，既没入党，也没培养一技之长，英语四级还是靠高中的底子考过的。一次奖学金也没拿过，不是班委，也没参加什么社团，实在是普普通通，这可怎么找工作？

报考企业，苦于没有一技之长

2022 年底，同学推荐给我一则招聘信息，我赶忙投了简历，很快便有了回复，接到第一份面试通知心里还是很激动的，于是腊月二十六我就从家里急匆匆赶去面试。

记得面试时，面试官问我：“在接触的新闻采访中，你最擅长的采访模式是什么？”我有些不知怎么回答，采访模式？什么是采访模式？我都不知道都有什么，又怎么知道自己擅长什么呢？人家又问：记者应该具备哪些能力？这些都是上课时老师讲过的，在“记者采访学”这门课上，可是我并不知道，因为我从未注意听讲，更没看过课本。我只好灰头土脸地回来了。

等了半个月都没有接到复试的通知，我鼓足勇气，再次拨打了用人单位电话。对方给了我第二次机会，我去复试了。可当面试人员问我都会哪些处理新闻稿件和图片的相关软件时，这又被问住了。记得大三时学校开设了软件这方面的课程，可我觉得学起来很难，或怕早起床听课辛苦，一次次错过了学习的机会。而这样的结果，也让自己在求职过程中付出了惨痛的代价。于是，我千百次地问自己：当初为什么不好好上专业课？为什么不好好学英语？为什么不多学点东西？

因此，我想提醒学弟学妹们，大学要多学点东西，不仅要学好专业，还要一专多能，技多不压身，不要像我一样，书到用时方恨少。

感觉自己不是一名合格的大学生

小宁是某高校的大四学生，来自农村。这个身高 1.65 米、喜欢微笑的女孩，给人留下了深刻印象。

她说，还有三个月就毕业了，因为找工作，家人非常着急，哥哥给她发来很多份的招聘信息，可每次都是满怀兴奋地打开，然后无奈地关上，英语六级的招聘要求让她望而却步。看看身边的小伙伴们，很多人找到了工作，她更加恐慌，身体消瘦了很多。

“大学生活确实很舒适，没有考试的压力，也没有老师的管束，每天睡到自然醒！”她的微笑中含着泪花，“每次考试过了 70 分便觉得已经不错了，可是……”

记得很多学长曾告诉她，一些企业不在意大学生的成绩单，很多大学生不会找对口的工作。可求职经历告诉她，那些学长说得不对。总结自己的大学生活时，她觉得自己不是一名合格的大学生。好在她现在醒悟了，一面继续求职，一面报了英语六级考试，抓紧复习，希望还有机会追赶。

小宁说，像她这样的学习状态，在大学校园有一定的代表性，这也是她为何要给报社写信，呼吁大学生珍惜大学时光的初衷。

有些大学生满足“60 分万岁”

来自某医科大学临床专业应届毕业生小沈的一番话，印证了小宁的忧虑。

小沈说，每年 3 月份是工作单位开始招聘的时间，她身边有很多专业知识优秀的同学，有的考上了研究生，有的在招聘中脱颖而出，让自己在大学的辛苦付出有了收获。而有的同学恰恰相反，从过去老师、家长严格要求的高中走向自由的大学，不是每天碌碌无为，就是整日忙碌于各种社团活动和其他活动。“60 分万岁”似乎成了很多当代大学生的学习状态，忽视了学习的重要性。也许有的同学会说，大学学的专业不是我喜欢的，我没有兴趣。可是既然进入了大学的校门，学了这个专业，就应该尝试去了解、学习、热爱。也可以在大学时为自己重新规划，选择第二专业，让自己的大学生活不荒废。

还好，由于小沈平时对自己要求严格，学习成绩一直处于上游。就是这种情况下，她还是觉得现在进入临床实习后，很多专业知识不熟练，在面对患者时会尴尬和手足无措。

八成受访者后悔没学好专业课

一份问卷调查显示，该调查在某地四所大学随机调查了 31 名新闻学、编辑出版、数学、思想政治教育、文秘、汽车服务工程、装饰工程技术、财务管理等8个专业的大四在校生、毕业生和研究生，就求职跟所学专业是否相关、是否后悔没学好专业课、导致没学好专业课原因等问题进行调查，7人（23%）选择非常后悔，18个（58%）选择有点后悔，只有6人（19%）选择不后悔。

而导致没学好专业课的主要原因，13人（42%）选择学校的学习氛围不好，安逸的学习生活环境，让他们失去了斗志，11人（35%）选择自己不想去上课，7人（23%）选择学专业课没用。

多数人认为，专业课程的学习能更好地锻炼思维能力和处理各种问题的能力，正如新闻专业一名同学说的那样，如果以后想找跟专业相关的工作的话，就必须学好学精专业，否则在工作中就会遇到这样那样的困难，先天不足。

然而，也有些学生认为，专业不是最重要，学校名气和学历才最重要，尤其对于大点的企业更是如此。专业技能固然越精越好，但是企业更看重的是学历和学校的名气，因为这在一定程度上能衡量人才的综合能力素养，它们并不是很看重你的专业知识，因为很多技能还是要在入职培训时学会。

珍惜大学时光围绕职业规划读书

那么，在校大学生们怎么做才会受企业青睐？一人才市场交流部的秦先生表示，市场经济环境下，用人单位主要从成本和效益出发，更多地考虑招聘大学生能否带来更大的效益，从过去看重学历转到学历、素质能力并重，甚至以素质能力为重。因此，高等教育要在培养大学生专业技能的同时，也要注重培养行业职业发展所需要的通用技能和素质。

现实中像小宁同学那样浪费时光的大学生不在少数，他们虚度光阴，没有危机感，缺少斗志，到毕业找工作时才感到后悔。而解决这个问题的关键，是大学生们能吸取他们的教训，不管是理科还是文科，从入学时就要做好职业规划，在学好专业的基础上，还要学好相关方面的知识，提高综合素质，力求一专多能。总之一句话，机遇永远是为那些准备着的人准备的。

（资料来源：张硕秋．大学生职业生涯发展与指导[M]．北京：清华大学出版社，2020.）

3. 职业能力的基本框架

职业能力是能够为企业创造财富的能力。不同类型职业人才所要求的能力体系不同，从而形成了职业能力的基本框架。由于能力体系不同，职业对录用人员的素质要求不一样，现分别就科研型、管理型、事务型、工程型、文化型和社会型职业人员的素质要求做出解释。

（1）科研型职业应具备的素质。科研工作是一种创造性劳动，科研型人员应具备以创造力为核心的知识结构。在知识结构方面，具备宽厚扎实的基础知识、外语交流能力，既要有专长又要有较渊博的知识，达到专与博的有效结合；具备创造性、熟练的基本技能和理论理解及应用，把这三者融会贯通，协调结合起来的能力；具备独立思考、勤于实践、不怕挫折的良好心理素质。

（2）管理型职业应具备的素质。从事管理型职业人员应具备的素质，主要包括忠于贯彻国家的方针政策并能灵活运用，有高度的公众意识；具备坚实的管理专业理论和实际知识，同时具有较广博的自然知识和社会知识；具备一定的领导、组织协调和社会才能及中外语言文字表达能力；具有健康的身体和充沛的精力，以应付千头万绪和千变万化的工作。

（3）事务型职业应具备的素质。事务型职业是指与组织机构内部日常的制度性、规范性、信息传播等有关的事务处理的职业活动，如打字员、档案管理员、办事员等。事务型职业对从业者的素质要求，在知识方面侧重于基础文化知识，对于职业技术专门的知识有较具体的了解，要懂得统计、档案管理知识，熟悉专门法规和规章条例，一些涉外单位对外语也有较高的要求，事务型职业不少岗位需要员工严守纪律、保守秘密，有的在礼仪方面有特殊的要求。在能力方面要求具有较高的社交能力、语言表达能力和干练的办事能力等。

（4）工程型职业应具备的素质。工程型职业主要是指工业、建筑业等行业的工程技术人员应具备的素质。要有不辞辛苦、艰苦奋斗的创业精神和严肃认真、一丝不苟的求实工作态度；要谦虚谨慎、深入工作第一线，能和同事密切合作；在牢固掌握专业知识的基础上，对相近专业的知识要比较了解，并有较好的外语水平、计算机应用能力、语言表达能力和理论应用实际的能力。

（5）文化型职业应具备的素质。文化型职业，如作家、服装设计师、音乐家、舞蹈家、摄影家、书画雕刻家、广告设计师等。文化型职业在知识和能力方面对从业者素质的要求是：能博采众长和广泛涉猎；敏锐的观察力；丰富的想象力；坚强的毅力；得天独厚的艺术天赋；不断创新的精神。

（6）社会型职业应具备的素质。社会型职业包括教育人、救死扶伤、提供公共服务、协调人际关系、为人民提供生活便利的工作，如教师、医生、律师、法官、广播电视工作者等社会公共服务人员。社会型职业要求从事其职业的人员：在知识素质方面，应具有基础的科学文化知识，尤其是应该具备广泛的知识面和职业要求的专业知识；在能力素质方面，要有一定的理解能力、社会活动能力、组织协调能力、自身形象设计能力和文字表达能力等。随着经济的全球化，人才竞争的国际化，中外语言的表达能力和计算机操作使用技能已成为各种职业类型所要求的基本技能。

案例分享

从会场布置看职业能力

李同学，广东某高职院校工商管理专业2018级学生。入学以来，除了上课外，他的课余时间几乎都在玩网络游戏，基本不参与集体活动或学校社团活动，也不去竞选学生干部等，大学生活就这样一天天过去了。2021年7月，他拿到了毕业证书，并进入一家保险公司工作。

2021年底，公司要召开年会，地点定在离公司5公里远的一家酒店。年会的前一天，办公室王主任安排李同学提前去布置会场，并说会议用的横幅、桌牌、矿泉水、纸杯，以及为优秀员工发放的奖品等都已经准备好了。李同学接到工作任务后，心想：不就是布置会场嘛，没必要提前去准备，完全可以在会议当天布置好。忙完手头的工作后，他就下班回家了。

第二天，李同学到单位拿上会议用品后，乘出租车到了酒店，发现桌椅等还没有摆放好，在酒店服务员的帮助下，匆忙将桌椅摆放到位，然后放置桌牌。就在放桌牌的过程中，公司领导、员工代表开始步入会场，当李同学要悬挂横幅时，会议时间已经到了。王主任让李同学停止布置会场，就这样，会议在准备不充分的情况下召开了，效果可想而知。

会议结束后，王主任找到了李同学，对会场的布置情况表达了不满，对李同学的工作态度提出了批评。

（资料来源：闵杰．当代大学生就业指导与职业生涯规划[M]．长春：吉林大学出版社，2020.）

第五节 价值观与职业

一、价值观与职业发展的关系

（一）价值观的含义

价值观是指个人对客观事物（包括人、物、事）意义、重要性的总评价，是对“什么是好的”的总看法，是推动并指引一个人采取决定和行动的原则、标准。简单来说，价值观是人用于区别好坏、分辨是非的心理倾向体系。

价值观是一种内心尺度。它融于人格当中，支配着个人的行为、态度、信念、理解、生活目标和追求方向等，也支配着个人认识世界、自我了解、自我定向、自我规划等，并为自认为正当的行为提供充足的理由。每个人都有一套自己独特的价值系统。

（二）价值观的作用

价值观一旦确定，即开始决定、调节、制约个性倾向中的需要、动机、愿望等，可以说，它是个人动机和行为模式的“统帅”。需要、动机的目的、方向受价值观的支配，只有经过价值判断之后被认为是可取的，才能被个体转换为行为的动机，并以此为目标引导自己的行为。

价值观无论在生活中还是在职业发展中，都起着极其重要的方向性作用，甚至超过了兴趣和性格的影响。价值观使人的行为带有稳定的倾向性。一个人越清楚自己的价值观，越了解自己在工作和生活中想要寻求什么，他的生涯发展目标通常也就越清晰。

二、职业价值观的自我探索

（一）职业价值观概述

俗话说，人各有志。这个“志”表现在职业选择上就是职业价值观，它是一种具有明确目的性、自觉性和坚定性的态度。美国职业规划大师舒伯认为，职业价值观是个人追求与工作有关的目标，从事满足自己内在需求的活动时所追求的工作特质或属性，它是个体价值观在职业问题上的反映。由于年龄阅历、教育状况、家庭影响、兴趣爱好等方面的不同，人们对各种职业有着不同的主观评价。各种职业在劳动内容上、在劳动难度和强度上、在劳动条件和待遇上、在所有制形式和稳定性等诸多问题上都存在差别，再加上传统思想观念等的影响，各种职业在人们心目中的声望、地位便有了好坏高低之分。这些评价形成了个人的职业价值观，并影响着个人对就业方向和具体职业岗位的选择。

（二）职业价值观的分类

不同学者对职业价值观分类有不同的看法。

美国心理学家米尔顿·洛克奇（Milton Rokeach）研究出 13 种价值观偏好，分别是成就感、美感、挑战、健康、收入与财富、独立性、爱及家庭、道德感、欢乐、权力、安全感、自我成长、协助他人。

国内学者通过大量调查，把职业价值观分为 6 种类型，分别是自由型、小康型、支配型、自我实现型、志愿型和技术型。

这里，人们将人的职业价值观分为 13 种类型，各类型及其基本含义见表 2-3。

表 2-3　13 种职业价值观类型

类型	基本含义
利他主义	总是为他人着想，把为大众的幸福和利益尽一份力作为自己的追求
审美主义	能不断地追求美的事物，得到美感的享受
智力刺激	不断进行智力开发、动脑思考、学习和探索新事物，解决新问题
成就动机	不断创新、不断取得成就、不断得到领导和同事的赞扬或不断实现自己想要做的事
自主独立	能够充分发挥自己的独立性和主动性，按自己的方式、想法去做，不受他人干扰
社会地位	所从事的工作在人们的心目中有较高的社会地位，从而使自己得到他人的重视与尊敬
权力控制	获得对他人或某事的管理权，能指挥和调遣一定范围内的人或事物
经济报酬	获得优厚的报酬，使自己有足够的财力去获得自己想要的东西，使生活过得较为富足
社会交往	能和各种人交往，建立比较广泛的社会联系和关系，甚至能和知名人物结识
安全稳定	希望不管自己能力如何，在工作中要有一个安稳的局面，不会因为奖金、增加工资、工作调动或领导训斥等经常提心吊胆、心烦意乱
轻松舒适	希望将工作作为一种消遣、休息或享受的形式，追求比较舒适、轻松、自由、优越的工作条件和环境
人际关系	希望一起工作的大多数同事和领导人品好，相处在一起感到愉快、自然
追求新意	希望工作内容经常变换，使工作和生活显得丰富多彩，不会单调枯燥

职业价值观是一个复杂的多维度的心理因素，包括多种要素，但各要素起的作用不同。一般把职业价值观中主要的因素总结为以下三类。

第一，发展因素。其包括符合兴趣爱好、机会均等、公平竞争、工作有挑战性能发挥自身才能、工作自主性大、能提供培训机会、晋升机会多、专业对口、发展空间大、出国机会多等，这些职业要素都与个人发展有关，因此称为发展因素。

第二，保健因素。其包括工资高、福利好、保险全、职业稳定、工作环境舒适、交通便捷、生活方便等，这些职业要素都与福利待遇和生活有关，因此称为保健因素。

第三，声望因素。其包括单位知名度高、单位规模和权力大、行政级别和社会地位高等，这些职业要素都与职业声望地位有关，因此称为声望因素。

三、价值观的澄清

职业价值观的困惑会影响职业生涯发展和生涯满意度。大学生在职业选择上经常遇到职业价值观困惑。一方面，重视所选职业与所学专业或经验是否对口，希望个人的兴趣爱好得到满足，实现个人的价值；另一方面，择业方向高度集中，大部分求职者希望到政府机关、国有大企业、事业单位或外资企业工作。

职业价值观的困惑更突出地反映在职业道德的冲突上。一方面，个体有着强烈的集体主义意识，并崇尚自强进取、勤奋敬业、质朴俭约、诚信交往的道德价值观；另一方面，又有拜金主义、享乐主义和个人主义的倾向，甚至表现出对物质、功利、享乐的崇拜，对精神世界的漠视。如果这样，大学生需要对自己的职业价值观进行重新审视、调整。

（一）分清职业中的终极型价值观和工具型价值观

1937 年，米尔顿·洛克奇提出把价值观分为工具型价值观和终极型价值观两种。终极型价值观是指“感觉”，是一个人希望通过一生的奋斗而实现的目标；而工具型价值观是指“事物”，是偏爱的行为方式或实现终极价值观的手段。例如，金钱、工具、汽车、房子等属于工具型价值观；而快乐、幸福、成就感、尊重等属于终极型价值观。有些人总觉得工作的目标是开豪车、住别墅、吃山珍海味、穿名牌，其实仔细想想，真正想要的是物质背后那种自豪、激越、美好的感觉。这种感觉才是自己最终想要的，而物质只不过是帮助达到终极感受的工具而已。很多时候，人们总是忙于获得工具价值，而渐渐忘记了当初真正想要实现的价值，而沦为工具价值的牺牲品。

实际上，考上大学带来的自信、快乐，工作带来的成就感，婚姻家庭带来的幸福、安全和温暖，这些都是终极型价值观的实现。澄清职业价值观时，人们需要有清醒的认识。

（二）改变价值规则

价值规则是人们对所持价值观的定义。两个人可能拥有一样的价值观，但是对这一价值观的定义及价值规则未必一致。例如，对于“成功”，有的人认为要赚到1000万元才算成功，而有的人认为每天活得健康、工作快乐就是成功。这是对同一价值观的两种不同的定义，也可以说是不同的信念。

价值规则调整就是纠正对价值观的不合理的定义。合理定义的重要原则：所制定的规则要能够帮助自己而不是阻碍自己达到目的；它必须是所能掌握的，这样外界就无法控制自己的感受；它要让自己能很容易地感到快乐，很难感到痛苦。因此，理顺自己的职业价值观，将使职业生涯更为顺畅。

自我测评

思考与练习

1. 自我认知的内容是什么？方法有哪些？
2. 简要论述兴趣与职业的关系。
3. 我好像没有什么兴趣，不知道自己到底喜欢什么，怎么办？
4. 我的兴趣太多，该怎么选择？
5. 我现在所学的专业不是我的兴趣所在，除了考研换专业还有别的出路吗？
6. 结合自身实际简述高校大学生职业价值观与职业选择的关系。
7. 现代社会需要具有什么能力的人？一个成功的应聘者最核心的竞争力是什么？
8. 阅读以下材料并回答问题。

李森今年30岁，在一家公关公司就职。他大学毕业后已经更换了8份工作。他这样评价自己：“我原来的看法是，不要急于给自己的人生定向，应该多尝试一下。这几年，我一直在试图寻找一份使自己满意的工作。我先是在银行上班，后来又干过房地产、保险、体育器材销售等工作，最近又进了一家小型的公关公司。频繁的跳槽虽然让我积累了一些在不同行业工作的经验，但也失去了很多资源和晋升的机会。长期以来，我觉得自己一直不能安心地干一份工作，要么容易厌倦，要么容易放弃。刚进入公关公司的时候，还能好好做，可是后来就没有兴趣和热情了。有一次老朋友聚会，看见一些朋友已经小有成就，想想自己，又是惭愧又是不服气。真不知道是运气不好，还是自己存在问题。”

问题1：李森频繁跳槽反映了他什么样的性格特点？这种性格给他的职业发展带来了哪些消极影响？通过李森的经历，我们可以得到什么样的启示？

问题2：你如何看待专业能力在职业发展中的作用？你认为哪些能力对职业发展有至关重要的作用？这些能力都该如何培养？

第三章 职业世界认知及职业决策

学习目标

知识目标

1. 了解现代社会职业的发展趋势。
2. 熟悉我国的职业环境。
3. 掌握职业世界的相关概念及其探索方法。
4. 掌握职业信息收集与处理的原则和方法。
5. 掌握职业生涯决策的组成与方法。
6. 熟悉对应职业生涯决策阻碍的方法。
7. 掌握职业适应的相关方法与技巧。

思政目标

1. 引导学生深入思考个人、国家与社会之间的关系。
2. 明确个人的命运和发展与国家的繁荣富强息息相关，进而激发爱国主义情怀。
3. 学会排除影响正确、有效决策的因素，以清醒、理智的头脑把握好职业生涯中的每一次机遇。
4. 培养良好的职业适应相关能力。

第一节 认识职业世界

一、认识职业世界的重要性

1. 促进学业规划与职业规划的有效对接

大学生只有找到专业学习与职业发展的结合点，才能使自己真正提前认识、融入工作世界，才能在职业发展的方向上做到把握自我。每一个大学毕业生都需要结合工作世界的相关信息来分析自己的优劣势。未来职业所需要的人才应该具备哪些素质和从业经验？自己的竞争优势是什么，不足又在哪里？只有充分地了解了工作世界后，大学生才能更为关注自己的“长远利益”，才能够有针对性地规划自己的大学学业，进而促进学业规划与职业规划的有效对接。

2. 有针对性地提升大学生的素质技能

当前，很多大学生在一定程度上普遍存在动力不足，缺乏恒心和奉献精神，社会交往的能力以及自理、自立和解决实际问题的能力不足等问题。很多同学寄希望于学校、职业辅导老师或其他专业的职业辅导工作人员能告诉他们工作世界是什么样的，但结果常常令人失望，因为每个人（包括专业的职业辅导人士）由于个人知识、经验的局限不可能完全掌握所有工作世界的信息，所以工作世界的探索更多地需要学生自己来完成。在这个探索的过程中，学生可以培养和提升自己很多能力，比如自我管理能力中的为自己负责任，可迁移技能中的沟通、搜集、观察等。

3. 科学把握工作世界的发展趋势

放眼工作世界，我国目前的大学生就业矛盾既存在总量问题，也存在结构问题；既要尽最大努力适应当前经济社会发展对大学生素质技能的要求，又要改革人才培养模式，使人才培养质量能够满足未来工作世界对人才的需求。因而，工作世界信息可以帮助学生预测未来可能发生的情况，以便预先做出准备，但也要知道预测的风险所在，并为此做好心理准备。

4. 正确制订生涯决策

现在所说的大学生就业难，很大程度上不是找不到工作，而是找不到“理想”的工作。相当多的大学毕业生对自身认识不清，对工作世界认识不深入，对工作的期望值非常高。如果学生能够清晰、全面地了解工作世界，知道尽管毕业生众多，竞争激烈，只要自己仔细了解企业用人要求及工作发展的普遍路径和规律等，就能够结合自己的特点在社会中找到属于自己的工作，从而做出合理的生涯决策，而不是盲目跟风追逐“好工作”，最后却迷失在求职“大军”中。

二、现代社会的职业

随着经济和社会的不断发展，科学技术的突飞猛进，社会职业的数量、种类、结构、要求都在不断地呈现变迁趋势。社会的发展直接推动着职业的发展，职业的发展对人们的就业观念产生较大的影响。

（一）现代职业的发展趋势

1. 社会进步决定职业变迁

职业的产生与发展是人类文明的标志之一，是人类社会发展与进步的客观反映。职业是随着人类社会的进步和劳动分工的出现而产生和发展起来的，是社会生产力发展和科技进步的结果。职业在其变迁过程中受到社会政治、经济、文化等诸多因素的影响，主要表现如下。

（1）生产力的飞速发展使得社会分工日益细化，职业随之不断发展和变化。历史上三次大的社会分工都引起了职业分工的变化。第一次社会大分工，定居部落从游牧部落中分离出来，从此社会经济领域分为农业和畜牧业，由此也产生了两类职业；第二次社会大分工，随着生产力的发展特别是金属工具的采用，手工业从农业中分离出来，出现了各种各样的手工业，如纺织、酿酒、金属加工等；第三次社会大分工，出现了一个不从事生产而专门从事商品交换的商人阶层。随着三次社会大分工的发生，人类社会的生产力快速发展，社会职业的变迁速度也不断加快，新的产业、行业层出不穷。科学技术发展与社会进步本身也会增加新的职业种类或使原有的职业发生变化。

（2）社会因素是制约和影响职业变化的重要因素。社会政治制度、宗教、文化等诸多因素都会引起职业的兴衰。随着社会的进步，很多技术、手艺已经不再被需要，靠这些职业谋生的人就纷纷转行，最后这些职业也就从人们的视野中消失了，而与此同时，又有大量新的职业出现。

2. 职业变迁与发展的趋势

（1）社会职业种类越来越多，职业分工越来越细。随着社会分工的发展和职业的分化，职业的种类已经远远超过“三百六十行”。据有关资料介绍，大约在 20 世纪 70 年代，全世界的职业种类就超过了 42000 种。

（2）现代社会职业的更新速度不断加快。从农业革命到工业革命经历了数千年，而从工业革命到新的产业革命才 200 多年。就在这 200 多年里，新的行业、职业不断出现，且更新速度也越来越快。在美国，近 15 年来先后已有 80000 多种职业被淘汰，同时又诞生了 6000 多种新职业。

（3）随着我国社会主义市场经济体系的建立和完善，与第三产业有关的职业将继续快速发展。在发达国家，第三产业的产值占国民生产总值的比例通常高达 60% 以上，中等发达国家也达到了 40% ～ 50%。在未来一段时间内，第三产业的职业数量会迅速增加，就业人口也会显著增加。

（4）随着知识经济时代的到来，职业越来越向高科技化、智能化、专业化方向发展。在知识经济时代，与高新技术有关的职业将得到发展。近年来，我国经济建设和国家发展的纲领一直把发展高新技术产业作为重点工作。

（二）主要职业的发展趋势和人才需求预测

选择职业就是选择未来职业的发展方向，也是在规划一条适合自己发展的人生道路。因此，在这一过程中，必须带着一定的前瞻性的认识和高度，力求分析社会的最新需求，预测未来热门和有前途的职业，并结合自身条件，用冷静、客观的态度和科学的方法进行选择。

1. 有发展前景的行业分析

随着中国市场经济的发展和经济结构的调整，各行业在社会发展中的地位和发展潜力也在发生变化。某些行业社会需求加大促进了这些行业的蓬勃发展，并成为未来社会发展的主导产业。

（1）网络信息咨询与服务业。当今的时代是一个信息时代，信息网络技术的发展使人们对网络信息的依靠也越来越大，网络信息服务也成为社会上一个重要的行业。这个行业包含了网上购物、商业信息服务、广告媒体服务、技术信息咨询与服务等。

（2）社会保险业。随着国家经济的进步和社会保障体系的不断完善，人们的安全防护意识也不断提高，保险意识越来越强。对于一般的家庭来说，都意识到了花少量投入，保证家庭财务和成员的生命财产安全。因此，保险业也日益受到人们的重视。

（3）家用汽车制造业。随着国家经济的飞速发展和人们物质生活水平的不断提高，家庭对汽车的需求量也呈不断上升趋势，个人对家用汽车的需求将在今后相当长的时间内持续上升，这给家用汽车制造业带来前所未有的机会，商家也将从中获得丰厚的利润。同时，家用汽车市场的发展还将带动汽车配件、维修以及相关的技术产品生产业等行业的发展。

（4）邮政与电信业。在当今的快节奏、高效率的时代，人们对信息传递快捷性、同步性的要求越来越高，对相关通信产品（如电话、手机、传真机）以及通信服务的需求也越来越高。目前中国的电话与移动电话人均拥有率远低于世界平均水平，中国通信市场的开发潜力巨大，这将给通信业带来新的机遇和丰厚利润。

（5）老年医疗保健品业。

截至 2023 年 1 月 11 日，根据人口抽样调查结果显示，2022 年我国 70 岁及以上老年人口有 2.41 亿人，占总人口 17.3%。预计 2057 年中国 65 岁以上人口达 4.25 亿人的峰值，占总人口比重 32.9% ～ 37.6%。老年人比例的增加带来很多医疗、保健、社区服务等方面需求的增加。因此，从事老年人保养品、药品、生活必需品、社区服务等将具有很大的发展前景，并形成一个独特的产业。

（6）妇女儿童用品业。随着人们对生活质量要求的提高，尤其是女性朋友和儿童对服装、化妆品、洗涤用品以及她（他）们生活中的一些必需品的需求也越来越大。在这些用品上的投入也比较高，并带动相关产业的迅速发展，在未来的社会发展中，这一行业仍旧有巨大的发展潜力。

（7）旅游休闲及相关产业。人们生活水平的提高以及节假日数量的增多，外出旅游休闲成为人们生活中的一件很寻常的事情。人们旅游休闲的机会也越来越多，这不仅带动了旅游业的发展，同时也带动了服务业、运动产品、体育场馆、旅行社、旅游产品等行业的繁荣发展，形成了一个促进经济发展的强盛产业。

（8）餐饮、娱乐与服务业。社会生活节奏的加快，使人们对快餐业的需求增加。虽然国外的西式快餐业在中国迅速发展，但是，西餐式的快餐业更多的是针对儿童市场。对于中国人来说，更习惯于中国式的快餐，因此，中式快餐业在未来社会发展中将占有重要的地位。

2. 有发展前景的行业看好的专门人才

（1）心理学专门人才。心理学运用科学的方法探究人的心理，分析人的心理发展和各种情感与行为，探究和帮助人获得精神上的健康。在我国，每百万人口中心理学家不到两个。这说明，在我国心理学虽然还是一个冷门的专业，但以后的前途不可限量，心理医生将成为未来的热门行业，其职业前景非常广阔。如心理咨询师可以帮助人们解决心理的困扰；教师或儿童顾问将会帮助孩子更好地成长；企业人力资源专家可以发挥自己对人与职业的了解；市场调查和分析专家可熟练运用问卷调查及分析技能等。心理学有着深远的发展空间，有着广阔的应用前景，也有着许多未开发的领域等待更多的人去开拓。

（2）对外汉语专门人才。教育部一项最新统计资料显示，截至2021年底，汉语教学在世界各地呈现出蓬勃发展的趋势，世界各国中学习汉语的总人数已超过2500万人。汉语教学正越来越多地走进国外的大、中、小课堂。目前，美国、新西兰、日本、泰国、韩国、加拿大、澳大利亚等国已将汉语成绩列入大学升学科目。由于学习汉语的人数较多，许多国家都面临着汉语教师严重不足的情况。在不少国家，中文教师已成为收入颇高、受人羡慕的职业之一。

对外汉语人才是有较深的汉语言文化功底，又熟练掌握外语，日后能在国内外从事对外汉语教学，或从事对外文化交流工作的新型实用专门人才。因此，这个专业在中外教育交流的过程中起着非常重要的作用。随着“一带一路”倡议的稳步推进，更加大了对此类人才的需求量。对外汉语专门人才可以到国家政府机构的涉外职能部门、各专业外贸机构、合资及外资企业、传播媒体等从事对外汉语教学、外事、国际合作交流、对外宣传、翻译等工作，就业前景比较可观。

（3）地理科学专门人才。从不规律的地质、地貌中找出科学规律进行研究，这是一门从各种角度对地质、地表形态等进行深入研究，同时也研究地域与人们生活的关联的学问。在西部大开发的今天，地理学更加显示出它的重要性，如黄河的整治是关系全国现代化建设的大事；青藏铁路的修建需要沿途的详细地形、地质资料，需要比较东西两条线路的优劣；西气东输，途经十多个省份，每个省如何修建输气管道在技术上更简便、在经济上更节约；还有西电东送、生态环境保护、矿产资源开发等，都离不开地理学的参与。

地理科学专门人才的就业范围较广，主要可以从事的职业有教师及科研人员（从事中学或大学的地理教学工作）、工程测量人员（可在大型建设集团从事与土地测量有关的工作）、编辑（在地图出版社从事地图的绘制、编辑工作）和公务员（在地质局、国土规划局工作）等。

（4）大气科学专门人才。在21世纪，信息科学与生态学的高速发展推动了大气科学的快速发展，其研究内容与研究方式也发生了很大变化。具体而言，现代化建设与信息时代的到来必将极大地提高人类社会活动的节奏与效率，中小尺度的危害性天气信息的快速获取、传输与发布，时空范围愈来愈精确的超短期与邻近预报对人类社会的效益也日益显著。通过增进对大气现象的认识以及发展和提高气象预测、天气预报、环境与气候变化预测、人工影响天气等来为社会、为人类服务已成为大气科学发展的目标。

大气科学专门人才能够运用科学的方法，研究地球大气层的科学，通过科学实验、气象观测、数值计算和数据分析等方法，研究组成大气的成分、这些成分的分布和变化，大气风速、温度和气压等要素的水平和垂直结构，大气的基本性质和主导状态的运动规律。与此相关的工作有大气科学家、气象预报员、空气污染研究专家、气象导航员等。

（5）小语种外语专门人才。小语种，顾名思义，就是相对应用面很广、用者甚众的外语而言，只在少数国家应用的外语种，包括俄语、德语、法语、日语、西班牙语、阿拉伯语、波斯语、韩语、意大利语、希腊语等。正是由于应用面窄，小语种的专业外语人才一直也是小范围的由少数几个学校进行培养。语言与经济发展密不可分，随着改革开放和中国加入世界贸易组织（WTO）等一系列推动经济发展契机的到来，中国的市场日渐国际化，各国各商也纷至沓来。世界贸易往来的增强，小语种的外国人才将越来越受到社会青睐。

三、我国职业环境分析

职业环境对于一个人的成长和职业发展有着重要的影响，任何人的职业选择和职业发展都无法摆脱家庭、学校和社会关系环境及当前社会流行的工作价值观、政治经济形势、产业结构变动等客观环境带来的巨大影响。因此，在进行职业生涯规划时，要对其做深入的分析和研究。

（一）职业环境分析概述

大学生的职业生涯规划总是受到环境因素的影响，大学生进行职业生涯规划时必须对各种环境因素有一个比较充分的了解和分析，否则，仅凭自我兴趣甚至是想当然制订的规划会脱离实际，无法实施。

（1）环境分析的含义。所谓环境分析，就是对大学生所处的环境进行一个相对全面和科学的认识、评估和分析，就是要了解学校、院系、家庭以及朋友等构成的小环境中的可利用资源，了解国家、社会、地方区域等大环境中的相关政策法规、经济形势，认清所选职业在社会大环境中的发展状况、技术含量、社会地位、未来发展趋势等，并分析环境因素对自身职业生涯可能产生的影响，从而为制订个人职业生涯规划提供依据。环境分析与自我分析、职业分析一样，都是大学生进行职业生涯规划的重要环节。

（2）环境分析的作用。每个人都生活在特定的环境中，其成长与发展都与环境息息相关。英国生物学家达尔文提到，物竞天择，适者生存。环境是个人职业生涯发展的外部约束条件，只有充分认识到外部条件的影响，个人的职业定位才会更加合理和现实，否则，脱离现实的规划和定位只会给求职者带来打击和失望。所以，在制订个人的职业生涯规划时，要分析环境的特点，环境的发展变化，自己与环境的关系，自己在特定环境中的地位，环境对自己提出的要求或挑战以及环境对自己的有利条件与不利条件等。

（3）环境分析的内容及获取环境信息的途径。

①环境分析的内容。进行职业环境分析，就是要弄清楚环境对个人职业发展的要求及影响，对各种影响因素加以衡量、评估并做出反应。一般来说，环境分析包括微观环境分析和宏观环境分析两方面的内容。微观环境分析包括学校环境分析、家庭环境分析、社会关系分析等；宏观环境分析包括政治法律环境分析、经济环境分析、社会文化环境分析和技术环境分析等。

②获取环境信息的途径。要进行环境分析，首先必须了解环境，掌握信息。在信息时代，互联网及传统的电视、广播、报纸等媒体异常发达，信息量巨大，传统媒体

已经不再拘泥于传统的单一传播形式，而是普遍与互联网接轨，人们可以非常方便地获取信息。大学生可以通过各种媒体获取有关微观与宏观环境的信息；大学生也可以通过实习、兼职、社会实践等机会，利用假期和课余时间，在不影响学业的基础上，多深入社会；大学生还可以通过选修相关课程和听讲座、听报告的方式来获取宏观环境的信息；了解家庭、学校等微观环境信息的最好途径就是向长辈、专业老师、师兄师姐等请教。

（二）微观环境分析

所谓微观环境，就是指学校、院系、家庭以及朋友等构成的小环境。小环境中既存在有利于自己职业发展的资源，也存在不利于自己职业发展的因素。如何去辨别、利用有利资源，规避不利因素，应成为大学生必须学会的技能。

1．学校环境分析

学校环境是大学生活和成长的主要环境。所谓学校环境，主要指所在学校的传统、专业特色与学校声誉、校友去向等。

（1）学校的传统。任何一个学校都有自己独特的传统，这会对其学生产生潜在的影响。学校的传统和其他因素共同构成学校的校园文化。校园文化是大学生生活和成长的软环境，具有独特的育人功能。大学生要选择适合自己的职业道路，就不能不分析学校的文化。实际上，校园文化对学生的影响，许多时候大学生自己并不了解。

（2）专业特色与学校声誉。近些年来，各高校纷纷开设“热门”专业，造成不同高校专业设置趋同。实际上，每所大学所开设的专业都会有自己的特色。同样是计算数学专业，如果开设在计算机学院往往会强调其应用性，所设置的课程与计算机专业所学习的课程类似；如果开设在数学学院往往会强调其与数学的关联性，所设置的课程会更多地突出数学特色。所以大学生在进行职业选择时要分析自己的专业特色，以进行准确定位。另外，学校声誉也是不得不考虑的因素。有的大学在某一区域的社会认同度较高，但是在其他区域就较低。例如，山东大学在华东地区具有广泛的社会影响，但是在华南等地区影响力就小得多。正确分析学校的情况有利于大学生顺利实现就业，并在职业发展中赢得先机。

（3）校友去向。校友去向是大学生在进行职业选择和职业规划时必须加以考虑的因素。经验表明，一个学院的毕业生通常会具有相似的毕业去向，校友聚集在某一地区、某一行业甚至某一单位的情况经常发生。究其原因，有以下三点：一是特定的专业适合特定的职业，专业对口是许多职业的选才标准；二是某所学校或某个学院的社会认可度常常有一定的范围，许多单位已经与该学校或该学院形成了良好的合作关系；

三是在就业中如果能获取校友的帮助，将有利于大学生顺利就业和适应职场。

2. 家庭环境分析

任何人的成长和发展都无法摆脱家庭环境的影响。大学生在进行职业生涯规划时，必须充分考虑家庭环境的影响，如家庭经济状况、家人期望、家庭文化等。家庭环境不仅会影响到个体的性格，还会影响到其职业目标的确立。因为个人职业发展目标的确立，总是同自身的成长经历和家庭环境相关联。个人在成长过程中，也会根据其成长经历和接受教育的情况，不断修正、调整，并最终确立自己的职业理想和职业规划。对家庭环境的了解和分析主要包括以下几个方面。

（1）家庭经济状况。如果某大学生的家庭经济条件不好，需要尽快在经济上提供帮助，那么该学生就应该首先解决吃饭问题，找一份比较安稳的工作，踏踏实实地工作，一步一个脚印地积累实现自己理想所需要的资本。如果家庭经济条件允许，则可以挑选适合个人发展的职业，而无须顾及生存问题。

（2）家人期望。大学生的职业选择常常体现了家人的期望，融合了家长的意志。可以说，父母的意志对子女的职业选择具有重要的影响。子女经常被看作父母希望的延伸或者家庭的代表，他们的使命就是实现父母的理想。所以许多大学生往往选择父母正在从事或者希望其从事的职业，尽管这种做法并不可取。美国心理学家赫尔贝特·奥托·吉勒（Herbert Otto Gille）认为，父母在子女的职业发展过程中处于核心地位，父母通过奖励和惩罚引导孩子的行为，通过教导和说理启发孩子考虑父母期望他们选择的职业，通过树立榜样影响孩子的职业计划。

（3）家庭文化。家庭是社会的细胞，是人们生活的重要场所，家庭文化和生活环境对一个人的职业选择也具有重要影响。“父母是孩子的第一任老师，家庭是孩子的第一所学校”，人的生活习惯、价值观念和行为方式往往是从幼年时期就开始受到家庭环境的深刻影响，长期潜移默化而形成的。所以，家庭不仅会影响到个体对某些职业知识和技能的认识和兴趣，还会从根本上影响个体的职业分析和职业目标、职业选择的方向和种类、决定选择中的冒险和保守程度、对职业岗位的认可态度以及工作中的种种行为和表现等。

一般来说，如果父辈从事的是社会声望较高的职业，子女经常会“子承父业”；如果父辈从事的职业社会声望不是很高，作为子女的大学生可能就会拒绝选择父母所从事的职业。例如，艺术家庭出身的大学生，在与家庭成员的长期接触中，很可能继承父母的职业价值观，从而走上与父母相同的职业道路。例如小布什成为美国总统，居里夫人的女儿获得诺贝尔化学奖，邓亚萍成为乒乓球世界冠军，都是这种影响的具体反映。

3. 社会关系分析

一般来说，个人在职业生涯中都会或多或少地寻求他人的帮助，为了顺利就业并获得事业成功，个体需要就自己的社会关系进行评价和分析。据北京大学“高等教育规模扩展与劳动力市场”课题组的次调查显示，人际关系网络仍是大学生寻找就业机会的理想途径。有 41.61% 的学生认为通过家庭和个人社会关系、托熟人是最有效的求职途径。在来自大城市的学生中，这一比例更是高达 51.29%。另外，通过分析自己的社会关系，也有利于大学生在职业生涯中寻求经验和指导。

通常，人们都认为人脉关系的形成往往依托于家庭关系背景，其实它的另外部分来源于大学生自己在学习和工作过程中有意识的积累。因此，大学生除了对自己的社会关系进行分析和评价以外，还应积极合理地拓展自己的社会关系，不断累积自己的社会资本，这也是个人能力的重要组成部分。

（三）宏观环境分析

社会因素对每个人的职业生涯发展都有重大影响，而且任何人都无法摆脱，其内容广泛，既涵盖国家、社会、地方区域等大环境中的经济形势，也包括社会文化状况和相关政策法规等。面对如此繁杂的内容，宏观环境分析应从何处着手？

目前，在对宏观环境进行分析时一般采用 PEST 分析法。PEST 分析法最早应用于企业的行业分析，后扩展到职业生涯领域。宏观环境分析的具体内容虽常有差异，但一般都应包括对政治法律环境（Political）、经济环境（Economic）、社会文化环境（Social）和技术环境（Technological）这四大类主要外部环境因素的分析，所以称为 PEST 分析法。

1. 政治法律环境分析

政治法律环境包括一个国家的社会制度，政府的方针、政策、法律法规等，大学生求职者主要应关心诸如政治环境是否稳定、国家政策是否会改变、政府的经济政策是什么、政府所持的市场道德标准是什么等问题。

从职业发展的角度看，政治稳定、政府经济决策、法律法规等因素对大学生的影响最大。没有稳定的政治环境，就不会有经济的持续发展；没有经济的持续发展，就无法解决新增就业人口的问题。政府经济决策常常决定政府投资的重点，这与职业发展有密切关系。法律法规对企业与个体行为具有指引、评价、教育、预测和强制的作用，是最基本的社会规范。其中，劳动法律法规是切实保障大学生就业权益的法律依据。因此，大学生应该重视对社会有关政策和法律的了解，分析其中蕴藏着哪些职业发展机会，以便在进行职业规划时利用这些机会。

2. 经济环境分析

宏观经济环境包括国家和区域两个层面。国家宏观经济环境主要是指一个国家的人口数量及其增长趋势，国民收入、国民生产总值及其变化情况以及通过特定指标能够反映的国民经济发展水平和发展速度。反映国家宏观经济环境状况的关键要素包括GDP的变化发展趋势、利率水平、通货膨胀程度及趋势、失业率、居民可支配收入水平、汇率水平等。区域经济状况主要是指在一定区域内经济发展的状况，主要包括一个地区的经济结构、产业布局、资源状况、经济发展水平以及未来的经济走势等。

个体的职业发展与宏观经济环境有直接关系。宏观经济景气时，社会就业率通常也较高；反之，则会走低。具体到某一个区域的经济状况来说，经济发展水平高的地区，个人的发展机会也较多；反之，在经济落后地区，个人的发展不得不受到一定的限制。

3. 社会文化环境分析

社会文化环境是指影响人们行为、思想的基本因素，包括一个国家和地区的居民教育程度和文化水平、宗教信仰、风俗习惯、审美观点、价值观念等。认真分析社会文化环境，尤其是社会价值观，有利于大学生进行职业规划，因为个人的成功需要社会的认可。只有符合社会主体价值观念的行为，才会被社会认可、接受。另外，价值观也会随着社会的不断发展和进步而发生不同程度的变化，从而使人们对职业的认识和需求也发生变化。

一个人生活在社会环境中，必然会受到社会价值观念的影响。分析一个人的思想情况，从某种层面上来讲，就是了解其对社会主体价值观念接受的程度。社会价值观念正是通过影响个人价值观念而影响个人的职业选择。例如，中国传统文化崇尚学而优则仕，官本位思想严重，轻视经商、服务等行业，对大学生择业也会有一定的影响。因此，近年来出现了这样的情况，很多大学生毕业后纷纷考公务员，而不愿意选择做从基层服务员干起来的职业经理人，宁愿在写字楼里做一个普通文员，也不愿意自己开创一份新事业。这些价值观念都深深影响着大学生的职业生涯规划和选择。

4. 技术环境分析

技术环境主要包括国家对科技开发的投资和支持重点、技术发展动态、技术转移和技术商品化速度等。重大技术革命总是会对人类生产和生活方式产生深远的影响。技术的发展不仅会带来理论的更新、观念的转变、思维的变革、技能的补充，也会深刻影响人们的职业观念。

例如，自20世纪90年代中期以来，互联网及信息技术在全球范围内的迅速发展，就引发了人们生活方式和工作方式的历史性变革。信息技术的应用，使人类的活动突破了对传统交通、通信手段的依赖，拓展了发展空间和交往空间；促进了劳动者与劳动工具、劳动对象在空间上的灵活安排及有机结合，优化了人类的生产方式；提高了人们的生活质量；人们获取、传输和利用知识的能力空前提高。

因此，作为一名大学生，尤其是工科学生，必须紧密关注技术环境的变化，借以确定职业发展方向。只有符合科技发展潮流的职业，才会具有生命力，才能取得成就。

第二节　探索职业世界

一、探索职业世界概述

（一）探索职业世界的含义

探索职业世界是个体在各种环境下认识自己和环境的有力手段和方式。有学者认为，职业探索是个人对自己与工作环境之间关系的认定。其之间包括通过工作、工作实践所了解掌握的资料及信息，培养个人的职业需要、兴趣、工作角色的活动等。简单来讲，职业探索是个人对自我特质以及各种不同的职业或者工作，乃至对个人环境关系进行探索，以便对未来的职业发展目标确立更加明确的方向。

（二）职业分类

随着社会的发展变化，职业分类总是处于不停的变化之中。特别是工业革命以后，职业的划分向更细、更多的方向发展，与此新的职业不断出现。

社会分工是职业分类的依据。在分工体系的每一个环节上，劳动对象、劳动工具及劳动的付出形式都各有特殊性，这种特殊性决定了各种职业之间的区别。同时，世界各国国情不同，其划分职业的标准也有所区别。根据西方国家一些学者提出的理论，在国外一般将职业分为三种类型。

1. 西方国家对职业的分类

（1）依据脑力劳动和体力劳动的性质、层次进行分类。这种分类方法把工作人员划分为白领工作人员和蓝领工作人员两大类。白领工作人员包括专业性和技术性的工作，农场以外的经理和行政管理人员、销售人员、办公室人员。蓝领工作人员包括手工艺及类似的工人、非运输性的技工、运输装置机工人、农场以外的工人、服务性行业工人。这种分类方法明显表现出职业的等级性。

（2）依据心理的个别差异进行分类。这种分类方法是根据美国著名的职业指导专家霍兰德创立的人格—职业匹配理论，把人格类型划分为六种，即实用型、研究型、艺术型、社会型、企业型和事务型。

（3）依据各个职业的主要职责或“从事的工作”进行分类。

这种分类方法较为普遍，以两种代表示例。

第一种是国际标准职业分类。这种分类把职业分为 8 个大类、83 个小类、284 个细类。其中 8 个大类是：

①专家、技术人员和有关作者。

②政府官员和企业经理。

③事务性工作和有关工作者。

④销售工作者、服务工作者。

⑤农业、牧业和林业工作者。

⑥生产及有关工作者。

⑦运输设备操作者和劳动者。

⑧不能按职业分类的劳动者。

这种分类方法便于提高国际职业统计资料的可比性和国际交流。

第二种是加拿大《职业岗位分类词典》的分类。它把分属于国民经济中主要行业的职业划分为 23 个主类，主类下分 81 个子类，489 个细类，7200 多个职业。此种分类对每种职业都有定义，逐一说明了各种职业的内容及从业人员在普通教育程度、职业培训、能力倾向、兴趣、性格以及体质等方面的要求，有较大的参考价值。

2. 我国对职业的分类

我国职业分类，根据我国不同部门公布的标准分类，主要有以下两种类型。

第一种是参照国际标准和方法，1986 年，我国国家统计局和国家标准局首次颁布了中华人民共和国国家标准《职业分类与代码》（GB 6565—86），并启动了编制国家统一职业分类标准的宏大工程。这次颁布的《职业分类与代码》将全国职业分为 8 个大类、63 个中类、303 个小类。现行为 2015 年由中华人民共和国国家质量监督检验检疫总局、中国国家标准化管理委员会颁布的《职业分类与代码》（GB/T 6565—2015）。1992 年，原国家劳动部会同国务院各行业部委组织编制了《中华人民共和国工种分类目录》，这个目录根据管理工作的需要，按照生产劳动的性质和工艺技术的特点，将当时我国近万个工种归并为分属 46 个大类的 4700 多个工种，初步建立起行业齐全、层次分明、内容比较完整、结构比较合理的工种分类体系，为进一步做好职业分类工作奠定了坚实基础。

第二种是 2022 年 11 月修订并公布的《中华人民共和国职业分类大典》。2022 年的修订版遵循客观性、科学性、创新性原则，对 2015 年版大典确立的 8 个大类总体结构不做调整，对社会各方面反映的意见建议，秉承求真务实、理性实证的科学精神研究论证，写实性描述各职业（工种）的具体内容，优化更新大典信息描述，以充分反映经济社会和科技发展带来的实际业态变化。具体来说，围绕数字经济、绿色经济、制造强国和依法治国等要求，专门增设或调整了相关中类、小类和职业。与此同时，根据实际，取消或整合了部分类别和职业，例如：将报关专业人员和报检专业人员 2 个职业，整合为报关人员 1 个职业；取消了电报业务员等职业。据统计，新版大典包括大类 8 个、中类 79 个、小类 449 个、细类（职业）1636 个。与 2015 年版大典相比，增加了法律事务及辅助人员等 4 个中类，数字技术工程技术人员等 15 个小类，碳汇计量评估师等 155 个职业（含 2015 年版大典颁布后发布的新职业）。

2022 年的修订版《中华人民共和国职业分类大典》首次标注了数字职业（标注为 S）。数字职业是从数字产业化和产业数字化两个视角，围绕数字语言表达、数字信息传输、数字内容生产三个维度及相关指标综合论证得出。标注数字职业是我国职业分类的重大创新，对推动数字经济、数字技术发展以及提升全民数字素养，具有重要意义。修订版中共标注数字职业 97 个。同时，修订版沿用 2015 年版做法，标注了绿色职业 133 个（标注为 L）。既是绿色职业又是数字职业的有 23 个（标注为 L/S）。

为全面、客观、准确反映当前社会职业发展实际状况，2022 年的修订版《中华人民共和国职业分类大典》将近年来新增职业信息纳入了新版大典，对部分原有职业信息描述进行了更新，并取消了已消亡的部分职业。这样既反映了数字经济发展的需要，又顺应了碳达峰碳中和的趋势，契合了创新、协调、绿色、开放、共享的新发展理念，满足了人民美好生活的需要。

职业分类作为制定职业标准的依据，是开展职业教育培训和人才评价的重要基础性工作。新增职业的发布，对于增强从业人员的社会认同度、促进就业创业、引领职业教育培训改革、推动经济高质量发展等，都具有重要意义。

（三）职业资格证书

1. 职业资格

职业资格是对从事某一职业的劳动者所必备的学识、技术和能力的基本要求，是从事某一职业在知识、技能和技术方面的起点标准。1994 年，劳动部和人事部颁布的《职业资格证书规定》，明确了职业资格包括从业资格和执业资格。

从业资格是指从事某一专业（工种）学识、技术和能力的起点标准，也就是基本的标准，如证券从业资格、保险从业资格、导游资格、教师资格、秘书资格等。

执业资格是指政府对某些责任较大，社会通用性强，关系国家、社会公共利益的专业（工种）实行准入控制，是依法独立开业或从事某一特定专业（工种）学识、技术和能力的必备标准，如医师执业资格、药师执业资格、会计师执业资格、建筑师执业资格、工程造价师执业资格、监理工程师执业资格、环保工程师执业资格等。

2. 职业资格证书对劳动者的作用

职业资格证书就是对达到职业资格规定的学识、技术和能力的劳动者发给的证明。它是劳动者求职、任职的资格凭证，是用人单位招聘录用劳动者的主要依据，也是赴国外就业办理技术技能公证的有效证件。它对于劳动者来说，作用主要有以下三方面。

（1）求职就业的必备条件。在现代社会里，素质和综合职业能力是人们从事职业活动得到生存和发展的前提条件。在人才市场上，各类职业资格证书是证明人们具备这些条件的有效证件。如果没有职业资格证书，便难以证明其所具备的职业能力。

（2）胜任岗位职责的标志。在人才市场上，是否能胜任某一岗位职责，是否具有该岗位所必备的职业意识、职业知识、职业技能等，职业资格证书是最有力的证明，即职业资格证书是胜任岗位职责的标志。

（3）增强职业竞争能力的手段。在社会主义市场经济条件下，“双向选择，竞争上岗”已成为就业的必然趋势。在就业市场中，不仅要有学历证书，还要有多个职业资格证书。有了这些证书，在职业选择过程中就会有优势，而且选择职业的范围也广。比如，如果有文秘专业的毕业证书，还有秘书等级证书、计算机等级证书，便具备了一定的竞争力；如果还有外语水平等级证书，那就可以到涉外单位竞争就业；如果再有汽车驾驶执照，就会更有竞争力。拥有多种职业资格证书，不仅能提高职业选择的竞争力，而且有利于提高就业后的职业转换能力。

职业经理人是如何产生的

二、探索职业的方法

1. 查阅文献

将个人希望了解的职业方向（或职业群），通过网络、书籍、期刊及有关声像资料，进行初步查阅；选定各种典型职业，进一步对其入门所需的基本条件，如学历、资格证书、身体条件等进行查阅；通过查阅使自己对做好职业工作所需要的知识、技能、生理条件及个性特征有一个初步的认识，对该职业的生存环境及发展前途以及个人循此发展可能取得的职业成就等形成一个初步的印象。

2. 向学长和老师咨询

学长和老师是认知环境的重要途径。因为，不论是校园环境，还是城市环境；不论是专业背景还是职业要求，学长和老师都可以提供更加详细准确的信息。

3. 借助媒体

现代社会，媒体几乎无所不能，尤其是近年来新媒体及自媒体的发展，信息非常丰富。从媒体上可以了解国际国内政治经济形势，了解某一领域或区域的经济发展状况和政策，了解各行各业的发展动态，了解某个企业甚至产品的市场情况，所以，充分利用媒体去初步了解相关信息是十分重要的。

4. 见习和实习

当代大学生缺乏社会实践，对社会的认识不多，所以必须鼓励大学生尽量多地参加社会实践活动，尤其是与专业或就业有关的见习或实习。在见习或实习中，大学生不仅可以了解社会，更可以检验自己所有专业知识与现实工作的吻合度，可以发现自己所学知识与现实工作之间的差距。在实习或见习过程中，还可以巩固所学的知识，并且可以提升职业技能、增加自己对环境的认知程度。因此，见习和实习是大学生认知自我和认知环境的重要途径。

5. 职业体验

大学生职业体验是通过短期实习、参观和见习活动来认知环境的有效方式。通过职业体验能使大学生对企业的运行模式和企业文化有更多直观的认识，同时对企业对人才成长素质的要求有更深的感受。

（1）职业体验的意义。

①通过对职业的亲自体验，让大学生了解目标行业的发展现状和前景，明确自己的发展目标，为自己的人生规划提供科学依据。

②职业体验，帮助大学生更好地将理论与实践相结合，强化专业知识学习，提高

专业素养。

③为学生创造提前与用人单位接触的机会，有利于用人单位和学生的相互熟悉，加深了解，增强学生就业能力。

（2）大学生职业体验活动的流程。

①确认准备体验的工作岗位。

②查找体验单位信息。

③联系体验单位。

④确定体验时间。

⑤体验过程（记住要拍工作照）。

⑥撰写体验报告。

（3）职业体验报告内容。

①体验单位的名称及详细的体验时间、地点，体验目的。

②具体体验过程及描述。

③专题报告结论、建议、心得体会，或是在此次实践中感到不足的部分。

④体验活动的相关证明材料。

6. 生涯人物访谈

生涯人物访谈是通过与一定数量的职场人士（尤其是自己感兴趣的职业的从业人员）会谈而获得关于某一个自己打算进入的行业、职业或企业信息的一种职业探索活动。

（1）生涯人物访谈的意义。通过生涯人物访谈，一般可以了解该行业或企业的相关信息，了解该职业的岗位要求及薪酬标准、发展空间等，进而可以作为自己是否进入本领域的重要参考；访谈也可以检验自己是否真的对这项工作感兴趣。这实际上是一次简捷、快速的职业体验。这是大学生了解职业的一个好方法。具体而言，生涯人物访谈的作用有：①实地考察职业，进而明确职业生涯目标；②扩大职业人际关系网；③树立工作面试的信心；④了解企业内部的组织管理，获取最新的职业信息；⑤了解自己专业优势和职业能力的差距，更好地认知自己的职业能力。

（2）生涯人物访谈的主要内容。为了能更全面地了解职业相关信息，在做生涯人物访谈时，既要理解相关职业的客观要求，又要想办法了解从业者的主观感受。以下是一份生涯人物访谈内容清单（表 3–1），包含分别从职业需求方面的客观要求和从业者生涯经验方面的主观感受两方面获取信息的内容。

表 3-1　生涯人物访谈内容清单

职业需求方面	生涯经验方面
工作性质、任务或内容	个人的教育经历和工作经验
工作环境、工作地点和工作时间	选择从事该职业的原因
职业所需个人学历、资格、技能或经验	职业发展历程
收入或薪资范围以及各项福利	工作心得：乐趣和困难
职业的相关就业机会	对工作的个人看法
进修和升迁机会	取得良好工作业绩的方法
组织文化和规范	对未来职业发展的设想
职业未来发展前景	对职业新人的建议

（3）生涯人物访谈的方法。当决定要进行生涯人物访谈时，可以按照以下的方法，将生涯人物访谈分为七个步骤进行（图 3–1）。

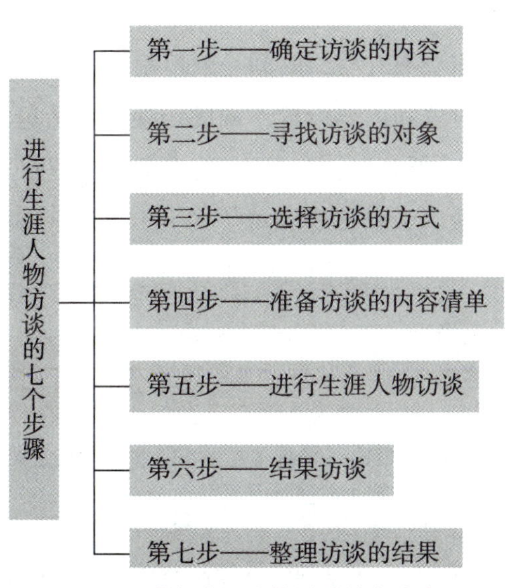

图 3–1　进行生涯人物访谈的七个步骤

第一步，确定访谈的内容。首先要明确通过访谈了解什么内容，是行业、企业方面的信息，还是职业、职位方面的信息。这就需要先对自己的职业发展方向有个大致的了解，然后在此基础上确定自己的职业探索内容。

第二步，寻找访谈的对象。通过老师、家人、校友等推荐找到这些被访谈者，也可以按照自己的志愿去主动寻找他们，还可以通过网络社区、辅导网站、微信公众平台等网上途径去找到访谈对象。

第三步，选择访谈的方式。生涯人物访谈的形式包括面对面访谈、电话访谈和书面访谈（通过电子邮件、QQ、微信、网上专题答疑节目）等。

第四步，准备访谈的内容清单。为了提高访谈效率，需要认真做好访谈前的准备，提前制作访谈内容清单。

第五步，进行生涯人物访谈。如果是面谈的话，一定要守时，不要浪费对方的时间。

第六步，结束访谈。访谈结束时，要礼貌地表示感谢，可以赠送一些自己的作品、所学专业的宣传资料或小礼物给对方；在访谈结束后一天之内，发一个短信表示感谢，或者写一封感谢信给被访问者，并简要说明自己的访谈收获。

第七步，整理访谈的结果。访谈结束后，要及时整理、分析和归纳访谈记录，并确定是否要进行后续或其他的访谈。

（4）生涯人物访谈的注意事项。

①要根据访谈的内容确定不同的访谈对象，而且每个职业领域的生涯人物应结构合理，既有初入职场的人士，也有工作了一定年限的中高层人士。

②在预约被访者之前要做好充分的准备。电话联系时还应备好纸和笔，以备临时电话采访；电话联系时一定要有礼貌，时间一般控制在 3 分钟以内。

③要根据不同的访谈对象和内容设置不同的访谈内容清单。在正式访谈前，对生涯人物的信息掌握得越全面越好，姓名、职务和联系方式是必须要了解的，对于可以在生涯人物的讲话、文章或者大众传媒和单位网页上可以获得的信息要尽可能地收集（表 3–2）。

表 3–2　不同访问对象的访谈清单

访谈对象	访谈内容
人力资源部相关工作人员	1. 在企业中，从事这一职业需要具备哪些基本职业素质？例如，个人性格特点、个人兴趣爱好、职业道德修养等。 2. 在企业中从事这一职业需要具备哪些专业知识、技能和经验？ 3. 企业对应聘这一职业的应届大学毕业生有哪些具体的要求？ 4. 请评价一下从事这一职业的往届大学毕业生的工作现状。
从事该职业的在岗员工	1. 在企业中，从事这一职业需要具备哪些基本职业素质？例如，个人性格特点、个人兴趣爱好、职业道德修养等。 2. 在企业中从事这一职业需要具备哪些专业知识、技能和经验？ 3. 请谈谈在从业过程中，您遇到了哪些具体的问题和困难。例如，岗位技能、人际关系、个人待遇等。
从事该职业的往届毕业生	请谈谈在自己工作中遇到哪些问题和困难。例如，岗位技能、个人待遇、与同事的关系等方面。

④如果是面谈的话，一定要守时，不要浪费对方的时间；面谈前征求生涯人物的意见，视情况对谈话进行录音录像或文字记录，提问要灵活变通，可以适当增加或减少一些提问的问题，不要按照清单顺序机械地提问；尊重被访谈对象的感受，当涉及年龄、职务、收入、家庭等敏感话题时，要斟酌措辞；注意观察被访谈者的工作环境，感受真实的工作氛围。

生涯人物访谈提纲

案例分享

某高校学生李羽所做的生涯人物访谈

一、访谈的目的及意义

通过选取与本人职业规划相近的职场人物进行职业生涯访谈，加深对目标职业的岗位职责、工作内容、职位要求和发展路径等方面的了解，进一步认识自身现状与目标职业要求之间的差距，从而明确努力方向，为制订长期、中期、短期的发展目标及行动计划提供指导和借鉴。

二、目标职业生涯人物的选取及简介

（一）目标职业生涯人物的选取

在选取目标职业生涯人物时，主要依据以下五个标准。

（1）所在职位与本人规划职业相同或相似。

（2）在非国有性质的大中型企业工作。

（3）有5年以上的工作经历。

（4）访谈的可行性，即有渠道接近并进行访谈。

（5）考虑到与自身的相似性，最好为女性。

通过老师、父母的介绍和联系，首先将访谈人选划定在5名人力资源管理者之中。这5名人力资源管理者年龄、性别、单位性质都有所不同。在对他们个人及职业信息进行一定的了解后，根据心目中的选择标准小李进行了比较并确定了最终访谈对象。

（二）目标职业生涯人物简介

宋某，女性白领，目前服务于成都某保险（集团）股份有限公司。

三、访谈情况

（一）访谈过程

2021年1月8日下午，小李通过电话与访谈对象取得了联系。在简单的自我介绍之后，她向其说明了根据课程教学安排，需要做一个关于职业生涯人物的访谈，希望得到她的帮助和支持。在得到肯定的答复后，双方约定了访谈时间和方式。

1月9日，小李拟定了访谈提纲，并就访谈问题与其做了简单的访谈前沟通。

1月10日晚8时，双方在网络上进行了约2小时的视频访谈。小李详细记录了访谈内容，并整理成访谈报告。

（二）访谈思路及内容

小李的访谈思路如下：首先，通过进一步了解HR这一职业的工作性质及内容，确定该职业与自身兴趣、能力、期望等是否相符；其次，了解该职业对从业者的要求和条件，并与自身进行比较；再次，通过了解访谈对象在职业发展中遇到的主要困难及其应对措施，来预测自己在未来可能面临的职业困境，认识该职业的发展前景；最后，找出自身现状与目标职业的要求之间存在的差距，制订自己的职业发展目标、发展路径和具体行动计划。

根据以上思路，访谈内容主要包括以下几个方面。

（1）个人职业信息，包括工龄、工作单位、职位、薪资水平等。

（2）目前职位的工作内容包括哪些？

（3）对目前工作的评价如何？可以从工作本身的挑战性和趣味性、福利待遇、工作环境等方面来谈。

（4）在保险集团工作与在原来的大型生产型集团工作相比有什么不同？为什么选择辞去以前的工作而选择了保险行业？

（5）个人认为做一名合格的HR需具备哪些能力和条件？

（6）在个人所谈到的这些能力和条件中，个人认为最重要的是哪一项？

（7）个人在工作中遇到过哪些困难和问题？主要源于哪些方面？

（8）个人是如何处理和解决这些困难和问题的？

（9）个人所在职位的发展路径是怎样的？对于未来的职业发展，个人有怎样的打算？

（10）对于大学生就业选择，个人有哪些建议？

（三）访谈中存在的问题及改进方向

虽然访谈前进行了准备，但访谈过程中仍出现了一些问题，主要包括对时间的控制不到位，易偏题、跑题，深入挖掘还不够等问题。

1. 访谈时间控制不到位

原计划将访谈时间控制在一个半小时左右，而实际访谈持续了两个小时。这一方面造成前半部分问题访谈时间过长，而后面的重点问题访谈时间不足；另一方面导致被访谈者的情绪出现波动。出现该问题的原因主要在于没有把访谈时间细分到每个访谈问题上去，导致整体时间把握不好。今后在访谈中要注意问题的轻重把握，给重点问题留出足够多的时间。

2. 易偏题、跑题

由于被访谈者的思维活跃，访谈中有时会出现偏离话题的情况。应明确自己的访谈目的及需要获取的信息，用恰当的方式引导被访谈者回到主题。

3. 挖掘欠深入

由于对访谈对象所在单位的情况了解不够充分，访谈刚开始时出现了沟通不畅的问题。访谈前应充分了解访谈对象的基本情况才能提高沟通效率。

四、访谈收获

（一）目标职业分析

1. 工作内容分析

人力资源管理是企业管理的重要组成部分，它主要包括7个方面的内容：人力资源战略规划、人员招聘与选拔、人员培训与开发、绩效管理、薪酬管理、员工职业生涯管理和员工关系管理。随着时代的进步，人力资源管理已经从最初强调“事务性”的人事管理逐渐转变为具有战略性功能的人力资源管理。

在管理完善的大型企业里，人力资源管理工作虽然仍然以事务性的日常工作为基础，但人力资源管理总是紧随公司战略进行调整和变化，并根据战略需要与其他部门人员组成临时工作小组，共同完成某个项目。

2. 工作环境分析

从企业性质来看，人力资源管理部门在不同类型的企业里处于不同的地位。在规模较小的私营企业中，由于企业更关心的是销售额的增长和市场份额的扩大，人力资源管理职能被弱化甚至缺失。而国有企业较为保守求稳，偏重人事管理，人力资源管理战略性难以得到重视。相比之下，股份制企业和外企则更为重视管理的先进性、高效性，人力资源管理能得到更多的重视，发展前景也更为宽广。

从行业性质来看，不同行业的工作环境有所不同。例如，制造业整体学历水平偏低，人员素质参差不齐。金融业，尤其是投资业，则是高端人才集聚地。

3. 工作要求分析

从技能上来看，作为一名合格的 HR 至少应具备以下三方面技能。

（1）熟练的办公技能，包括熟练使用 Excel、Word、PowerPoint 等办公软件，具备一定的图片及视频处理技能。

（2）能熟练使用统计软件，如 SPSS 软件。

（3）外语能力。如果希望进入大型公司，还应具备非常优秀的英语听说读写能力。在经济全球化的今天，掌握一门小语种，如日语，也能为自己加分。

从能力上来看，HR 最重要的能力是沟通能力和协调能力。人力资源管理是与人打交道很频繁的工作，既要能紧随公司战略，又要与平级部门展开各种合作，同时还要做好员工关系管理。如何适当处理不同层级之间的关系，解决员工纠纷是人力资源管理的重要工作内容，这就要求 HR 需要具备很强的沟通能力和协调能力。同时，不同的人力资源工作也有特定要求。例如，负责招聘的 HR 应有很强的识人能力，负责薪酬管理的 HR 要求对数字很敏感，负责培训的 HR 要有很强的公众演讲能力等。

从工作经验来看，丰富的管理经验对于担任 HR 一职很重要。人力资源管理是一项实践型的工作，沟通能力、组织能力、协调能力、处理问题的能力是在实践中培养起来的。因而，丰富的工作阅历对 HR 而言是一笔宝贵的财富。

（二）自我剖析

1. 自身优势分析

技能方面，能较熟练地运用 Excel、Word、PowerPoint 等办公软件，具备一定的图片及视频处理技能，英语水平良好；能力方面，具有较强的计划能力、组织能力和执行能力。

2. 与职业目标要求之间的差距分析

技能方面，统计软件的运用还不够熟练；能力方面，还需着重加强沟通能力的培养；经验方面，实践经验偏少，应加强经验的积累。

（三）对职业发展的指导

虽然访谈的时间和内容有限，但从访谈中，小李获得了许多心得体会和启示，并引导小李对自己的职业选择思考更多。

（1）找到自身天赋和激情的交集，才能真正热爱工作。只有当现在的工作既是自己的天赋所在，又满足自己的激情时，才能真正热爱工作并实现自身的价值。如果无法同时满足两者，可以有两条选择途径：一是从天赋出发，在擅长的工作里发现工作价值，让自己喜欢；二是从激情出发，放弃所擅长但不喜欢的工作，为自己喜欢的工作付出努力，使其成为自己所擅长的领域。

（2）选择进入合适的行业和公司能让自己成长得更快。个人风格和公司文化要相匹配，这样才能获得更多的成长机会。例如，小李做事追求效率和结果导向，更适合进入股份制企业和外企。同时，行业整体素质也很重要，和高素质的人共事不仅可以开拓自己的眼界，还能帮助提高自身的素质。

（3）培养持续学习的习惯。在竞争激烈的知识时代，学习应该成为一种日常状态。一方面要提升系统思维能力，另一方面要扩展知识面，这样才能突破职位的限制，从更为系统的角度去思考和看待问题，从而保持自身的灵活性和竞争力。

（4）团队精神是实现卓有成效的管理的首要原则。首先，HR 要实现卓有成效的管理，就要充分地尊重和鼓励每一个成员，让他们充分表现自我、发挥自己的才能；其次，要认识到管理不是管理者一个人的事，而是整个团队的事。管理者不仅要引导团队中的每一个人站在组织的角度去发现、思考和解决问题，还要从组织的整体利益出发，从而实现整体利益最优。

五、总结

通过本次职业生涯人物访谈，小李收获良多。她不仅对目标职业的工作内容、工作环境和工作要求有了更进一步的认识，找出了自己与目标职业之间存在的差距，更重要的是坚定了自己成为一名 HR 的目标。天赋和激情是职业发展的两只翅膀，而成为出色的人力资源管理者正是这双翅膀上承载的梦想。

（资料来源：陈志斌．大学生职业生涯规划 [M]．上海：上海交通大学出版社，2021.）

7. 参加社团及社区活动

参加社团可以锻炼自己的协调、组织、人际沟通等能力，可以多方面展示自我的才干，同时也可以增加对校园环境的了解和社会环境的认知。

参加社区活动，让大学生可以走出校门，增加与社会接触的机会，帮助自己对社会进行更贴近的认知，还可以帮助大学生从社会人的角度来看待社会及社会上的各种现象，做好环境认知。

8. 做志愿者

20 世纪 90 年代以来，随着青年志愿服务活动的蓬勃开展，越来越多的大学生参加到志愿服务中来，大学生志愿者已经发展成为青年志愿者队伍中最活跃、最积极、最有影响力的群体。大学生多以自己的知识、技能和体能等来服务社会发展。在当前科学发展的大背景下，我国大学生志愿服务发挥着重要的作用。

大学生志愿服务是大学生提高个人综合素质的重要载体。在志愿服务中大学生可以进一步了解中国国情、民情、校情，燃烧热爱社会主义祖国的高尚情感；养成良好的行为道德习惯；明确社会对当代大学生的要求和评价；学以致用，提高自己的学习应用能力；不断提高自己的综合能力，比如动手能力、沟通能力、创新能力、交往能力、协调能力等。

大学生志愿服务由于其特有的紧扣育人主题、注重社会实践、形式新颖多样等内在特点，决定了它必将成为加强和改进大学生思想政治教育的有效活动载体。

第三节　职业信息的收集与处理

随着市场经济的确立，信息在大学生就业工作中的作用日益加强，毕业生要广泛收集用人需求信息和招聘信息，得到更多的就业资源。

一、职业信息的类别与作用

（一）职业信息的类别

职业信息是与职业发展、就业应聘有关的所有信息的统称，包括国家和地区颁布的劳动与就业相关法规、政策，行业与地区经济政治形势和发展趋势，就业态势和职位供需状况等。

职业信息按作用不同，可分为有效信息、低效信息和无效信息。真实的信息不一定是有效的，信息的有效性是因人而异的。例如，一条船员劳务市场的职业信息对一个有志于将来从事园林绿化工作的人而言，这条信息就是低效或者无效的。

按职业信息的内容又可分为背景信息和职业信息。背景信息是指有关就业的背景资料、政策规定、就业形势等方面的信息；职业信息是指相关岗位需求、应聘条件、福利待遇等方面的信息。前者笼统有指导意义，后者具体与职业息息相关。

（二）职业信息的作用

高校毕业生若能充分利用上述各种职业信息，可以起到以下几方面的作用。

1. 可以更好地掌握和运用就业政策

近几年来，国家和各地方每年都会根据当下的实际情况，对高校毕业生的就业问题出台一系列相应的政策，如国务院办公厅《关于进一步做好高校毕业生等青年就业创业工作的通知》(国办发〔2022〕13号)，教育部《关于做好2023届全国普通高校毕业生就业创业工作的通知》(教学〔2022〕5号)等。毕业生应认真学习、努力掌握和积极运用这些就业政策，为自己的就业、创业与职业生涯规划奠定良好的基础。

2. 可以更好地了解和融入人才市场

大学生应尽早了解人才市场，并以此来树立自己正确的职业定位，制订自己的学习计划。

3. 可以为职业生涯决策提供依据

职业生涯决策是建立在充分的信息搜集的基础上的。

二、大学生应掌握的职业信息

(一) 用人单位的基本情况

在步入职场之前，对于用人单位的相关信息和基本情况应做到基本了解。大学生可以通过企业的名称如“×××× 有限公司北京分公司”了解到该组织所在地区、所属行业、经营性质、业务范围、组织级别等信息。此外，也可以通过职业介绍机构、招聘会、网络、校园就业指导中心了解到相关内容。

对于求职者而言，招聘单位的发展前景会直接影响到个人前途。工作单位的资产实力、行业前景、科技含量、人员组成、管理水平等方面，都会潜移默化地影响一个人的发展，因此也需要对其进行了解和判断。

(二) 用人单位的招聘条件、需求岗位和招聘数量

招聘条件即用人单位对求职者的具体要求。一般包括学历、学位、专业、职业资格、技术等级、性别、年龄、相貌、体质等诸多方面。需求岗位的工作内容一般包含“需要什么、做什么、怎么做”，如某一单位所招聘的岗位是总裁助理，需要一个或几个能够处理日常事务工作的人员。对于设置特殊岗位的单位，有时还会对求职者提出特殊要求。

用人单位在进行招聘时，会根据需求设置相应的岗位数量，此时，大学生需要了解和掌握招聘岗位、条件、数量等方面的信息。这些信息将会对应聘起到重要的作用。

（三）用人单位提供的薪金待遇

用人单位在发布招聘信息时，有时会说明所招聘职位的薪金待遇，诸如工资、奖金、福利、津贴以及医疗、养老保险等事项。然而，部分招聘单位并不会将薪金待遇明示在招聘信息中，此时，如果对该单位较有意向，可以通过向知晓该单位某些信息的亲朋好友或其他熟人询问而获得所需信息。

三、大学生搜集职业信息的渠道

职业信息的来源有诸多渠道，一些信息可能相互重叠，一些信息可能相互补偿，想获得全面完整的信息一般需要求职者从多方面进行搜集。此时，考虑到成本效益因素，在搜集职业信息时，应遵循人格—职业匹配理论，根据个性特征搜寻适合自己的职业信息。这样不仅能增大求职成功的概率，也能减少不必要的成本浪费。大学生搜集职业信息可采用以下几种渠道。

（一）高校毕业生就业指导中心

学校的毕业生就业指导中心是为毕业生服务的常设机构，一般有专门的负责人和工作人员，他们都有较为丰富的就业指导经验。目前高校毕业生就业指导部门在大学生就业过程中正发挥着日益重要的作用。高校就业指导人员通常会为毕业生提供与就业有关的政策咨询、前景分析、就业形势、职业生涯规划及用人单位的信息等服务，是毕业生了解职业信息、获得就业服务和就业指导帮助的重要渠道。许多用人单位会选择直接到学校招聘毕业生，也有很多学校与用人单位建立长期稳定的就业联系，学校每年会向其推荐学生，用人单位也会从中择优录取一定数量的毕业生，因此，通过学校就业指导部门获得的职业信息，既全面具体，又准确可靠。

（二）与毕业生就业有关的各级政府部门、行业协会、行业主管部门

与毕业生就业有关的各级政府部门、行业协会、行业主管部门是国家与地区宏观就业政策的主要来源，也是职业与行业现状以及发展趋势的信息最权威的发布者。

（三）通过专业机构获得职业信息

职业介绍所和人才交流中心是从事职业介绍业务的专业机构，可以为求职者提供大量的职业信息和相关服务。

（四）充分利用网络信息资源

当前社会是网络信息社会，大部分招聘信息可以通过网络取得，而网络求职因其

成本低、及时、高效等诸多优势，成为时下最便捷的信息渠道。无论对于用人单位还是对于求职者来说，都可以通过网络查询相关信息，建立沟通互动的关系。求职者既可以到已经建立局域网的职业介绍机构登记、查询相关招聘信息，将个人简历、求职意向入网，等待用人单位的通知；也可以通过进入专业、大型的职业网站浏览各类用人单位发布的招聘信息，同时发布自己的求职信息，使得双方通过网络建立联系。前者是具有较强针对性的信息获取方式，而后者则是被广泛利用的效率高、信息量大、时效性强的现代信息搜集渠道。

（五）周围人群

良好的人际关系不仅可以提高生活质量，有时还能帮助毕业生找到一个适合的工作，至少能为毕业生的职业发展提供有效的信息。来自老师、校友、亲朋好友的职业信息，相对来说其真实性和有效性更好一些。

（六）参加现场招聘会

招聘会也是较为普遍的求职渠道之一，很多大的省市都会根据实际就业需求举办相应的现场招聘会。其中，既有数百个招聘单位参加的大型招聘会，也有十几家甚至几十家用人单位参加的中小型招聘会；既有针对固定专业、行业、求职人员的专场招聘会，也有面向广大就业群体的综合性招聘会。

相对于网络求职而言，现场招聘会的优势在于用人单位与求职者能够进行面对面的交流，尽管成本较网络求职高一些，然而通过实地交流和沟通，双方能够形成初步意向、减少不确定因素、增加成功概率。因此，求职者可以选择具有一定规模的现场招聘会，通过亲自洽谈了解，取得所需要的信息。

（七）各类媒体

电视、广播电台、报纸、杂志等新闻媒介，都是获取职业信息的有效渠道。从这些渠道获取职业信息不仅节省时间、节约金钱，还可以享用到最广泛和最全面的信息服务。然而，由于广告篇幅有限、信息不详细，求职者不能全面地了解用人单位，因此，还需要综合其他方面的信息来确认。

（八）通过参加假期实习、社会实践等渠道获取职业信息

知识来源于书本，能力来源于实践。完善的知识结构已经不能满足用人单位对求职者的要求，他们更青睐能够充分地将知识和实际应用能力相结合的求职者。通过实习、社会实践，大学生既可以直接与用人单位接触，更清楚地了解用人单位有关需求

情况，又能让用人单位更多地了解自己。

（九）直接与用人单位联系

确定重要目标后，通过寄发简历、电话预约，然后上门拜访。这种毛遂自荐的方式适用于具体的就业过程。

案例分享

多渠道寻找就业机会

在临近大学毕业阶段，小王每天都会在寝室花费大量的时间查找招聘网站，如智联招聘、前程无忧、应届生求职网上相关的招聘信息，并根据自己所学专业和兴趣爱好选择相应的职位，然而，他仍没有就业意向。而此时，小王的室友小李手里已经拿到了几家单位的 offer。为什么同一专业的学生在求职的过程中会出现不同的结果呢？原来小王认为传统的大型就业网站已经涵盖了所有的职业信息，没有必要再花费时间从其他渠道获取求职信息。而小李则认为当今时代是信息爆炸的时代，单单从网络中搜索职业信息是一种很局限的渠道，应该寻找更多的渠道，如参加招聘会、关注和查看学校就业指导信息栏、到用人单位自己的网站了解招聘信息等。应全面掌握和了解招聘信息，避免对信息的疏忽和遗漏。小李在最后能够得到诸多单位的 offer，与其寻找多种渠道、搜索尽可能多的职业信息有非常大的关系。

（资料来源：李凯，周建立．职业生涯发展与规划 [M]．广州：华南理工大学出版社，2020.）

四、职业信息搜集的原则

（一）及时性

及时性是指搜集职业信息要及时，早做准备。

（二）广泛性

广泛性是指广泛搜集各个方面、不同层次的职业信息。

（三）具体性

具体性是指搜集的信息要具体，包括用人单位的联系电话、工作地点、环境、组织结构、薪酬待遇、发展前景、对新员工的基本要求等。

（四）准确性

准确性是指了解用人单位需要的是什么层次、什么专业的人才，在性别、相貌、外语水平等方面有什么特殊的要求等。

（五）时效性

时效性是指用人单位招聘人员具有很强的时效性，要最新的信息，而不是过期的信息。

（六）整合性

整合性可以按以下顺序理解：首先，将过时、虚假的信息剔除出去；其次，将与自己的专业及兴趣有关的信息提取出来，将与专业、兴趣无关或关系不大的放到一边；再次，按信息重要性大小对信息进行排序，重要性的判断标准是否适合自己；最后，要根据筛选出来的需求信息的要求，对照检查自己，及时调整自己的知识结构，弥补原来的缺陷与不足。

需求信息一旦选定，就要不失时机地主动与用人单位主管人员联系，询问应聘的方式、时间、地点和要求，并递交一套完整的求职材料，使需求信息尽早成为双方深度沟通的桥梁。

五、职业信息的处理

（一）筛选

筛选是指求职者根据自身的求职需要对所搜集到的职业信息进行一定的筛选，换言之，要做好去伪存真、去粗取精的工作。这是处理求职信息重要的一步，筛选的重点主要应考察三个方面：一是信息的真实度；二是信息的时效性；三是信息的价值性。

（二）求证

求证是指对那些已经筛选过的信息做一些求证工作，并不断修正和补充有关职业信息。

（三）归类

归类是指将经过筛选和求证的职业信息按政策、职业趋势等分别整理，这样既能防止职业信息有所遗漏，又能根据自己的就业意向，按其行业、薪资、前景、兴趣、离家远近等进行整理，以便最后决策。

（四）共享

一个人的力量是有限的，大学生只有互相联合起来，才能立足于社会。如果大学生都能从共赢的角度出发，我为人人，人人为我，信息资源将发挥出最大的效用。对个人来说，一条低效的职业信息有可能会改变别人一生的命运，而自己或许也能在这种共享中找到属于自己的机会。利用众人的力量，筛选、求证和归类的工作也将变得轻而易举。

第四节 职业生涯决策

一、职业生涯决策的含义

1974 年，杰帕森和奇兰特提出了职业生涯决策模型，在这一模型中，首次使用了“职业生涯决策”这一概念。杰帕森认为职业生涯决策是一个复杂的认知过程，通过此过程，决策者组织有关自我和职业环境的信息，仔细考虑各种可供选择职业的前景，做出职业行为的公开承诺。我国学者沈之菲在其《生涯心理辅导》一书中提出，生涯决策就是个人在多项选择之间权衡利弊，以达成最大价值的历程。在《教育大辞典》中，职业生涯决策被定义为：人们根据自身特点和社会需求做出合理的职业方向抉择，内容包括个人价值的探讨和澄清，关于自我和环境的使用、谋划和决定。总的来说，职业生涯决策是人的一生必须要面临的重大决策，是个人对自己将要从事的职业做出的选择。需要强调的是，职业生涯决策是一个过程，而不单单是一个结果。职业生涯决策主要包括以下几方面的含义。

1. 职业生涯决策是人生的一种决策

职业生涯决策是个人针对自己的个性因素对职业类别进行的一种选择和确定。对于大学生来说，进行职业生涯决策是使自己从“学生”转变为“职业人”的关键环节，是实现人生价值的开端。

2. 职业生涯决策是个人因素与职业因素优化统一的过程

不同的人有不同的职业目标，不同的社会岗位将对不同的劳动者进行选拔。在做出职业生涯决策时，大学生必须要考虑到自己的兴趣、性格、气质、技能和价值观等相关信息，同时还要面临职业、教育的各种选择。在综合自我信息和职业信息的基础上，利用职业生涯知识与技能，对自身个性因素和职业因素进行优化统一，才能制订出有效的个人职业生涯发展决策。

3. 职业生涯决策是个人向客观现实妥协及对“我与职业”关系调适的过程

每个人都有自己的理想职业，然而理想和现实之间往往存在差距，在做选择的时候，必然要在理想职业和客观现实之间做出一定的妥协，在理想和现实之间进行科学合理的分析与调适，解决好“我与职业”的关系，让自己高度认同自己的职业选择，也让自己的职业选择为自身的将来发展搭建平台。

案例分享

肖同学的困惑

肖同学是服装设计专业的学生，性格内外兼有，略偏内向。平时比较安静，但在需要“外向”的场合她就像换了一个人似的让人刮目相看。大三下学期所有校内学习的课程都已结束，剩下就是毕业实习和毕业设计了。当别人都在为找工作忙碌的时候，肖同学却看着手上三份 offer 犯愁，一份是外企的行政管理岗位；一份是大型服装企业的设计助理岗位；一份是国企的销售岗位；每个岗位对她都有吸引力，她不知道该去哪家单位？也不知道哪个岗位更适合自己？该用什么方法来做决策，她很困惑。

今天的现状是以前选择的结果，今天的选择决定未来的职业状况。有什么样的职业选择，就拥有什么样的职业生涯。在职业生涯发展的过程中，选择是一个连续的过程，很难一下子就做出完全正确的选择，但要学会选择正确的方向。

（资料来源：谢宝国．大学生涯规划与职业发展[M]．北京：教育科学出版社，2021.）

二、职业生涯决策的意义

将来职业的选择将会影响人们的半生甚至是一生。选择正确，人生可能一帆风顺，充满阳光；选择错误，则可能挫折不断，荆棘密布。现实的生活也表明，许多选错职业的人往往无法取得最终的成功。所以，职业生涯决策具有重大意义。

1. 理性的职业生涯决策有利于促进人的全面发展

职业生涯决策的过程固然辛苦，但通过职业生涯决策可以使决策者树立积极的人生态度，准确分析就业形势，了解社会需求，及时提高自身的文化水平、专业技能，从而引导决策者通过自身的学习和劳动获得成功。

2. 科学的职业生涯决策有助于决策者理性地去选择未来的职业和工作岗位

现实中经常会遇到一些人，对自己的个性因素分析得非常透彻、合理，也了解了大量相关的职业信息，却不知道如何做出决策，有的即使做了决策，也做得不令人满意。究其原因，主要是对获得的信息没有很好地进行整理加工，缺乏必要的职业生涯决策的知识和技能，不能进行科学决策。

3. 正确的职业生涯决策有利于决策者把握机遇

机遇往往稍纵即逝，一旦错过，将不再重来。所以，在进行职业生涯决策时，大学生要迅速、科学地做出选择，准确定位，及时掌握适合自己个性特征的相关职业信息，以促进职业生涯发展。

4. 良好的职业生涯决策有利于个人和职业的双向优化配置

在制订职业生涯决策时，人格—职业匹配是关键。人们选择职业，同时职业也在选择人。职业选择得当，既能使劳动者的利益得到最大限度的实现，也能使用人组织或单位获得正常的经济效益、社会效益，同时也有利于社会的稳定。

三、职业生涯决策的基本组成

职业生涯决策的过程涉及复杂的个性心理和各种各样的行为，面对的情景也不尽相同，但通过分析现有的决策理论、类型和模式，能够发现职业目标、职业生涯决策的选择过程、职业生涯决策的结果以及对职业生涯结果的评价四个部分是每一次决策过程中不可缺少的。

1. 职业目标

职业目标是决策者的决策动机和所要达到的期望，决策目标的产生是建立在对职业的认识和对个人的认知基础上的，当决策者通过各种渠道获得职业信息，并对自身性格能力有充分了解时，才能够准确把握决策方向。

2. 职业生涯决策的选择过程

职业生涯决策的选择过程是指决策者可以做出的若干行为选择、决策策略或模式、类型。决策者因为决策风格和决策技术掌握程度的不同，在选择决策方法的时候可能会偏重于其中的某种方法。严格地说，每种决策都有其利弊，决策者在选择方法时应充分考虑这种方法的局限性，培养综合使用决策方法的能力。

3. 职业生涯决策的结果

职业生涯决策的结果是指决策者最后做出职业生涯选择的结论。结果是建立在前两种要素的基础上的。同时，选择结果并不意味着决策过程的终结，决策者还应对决策过程及结果进行评价，在职业发展的道路上不断地修正决策结果。

4. 对职业生涯决策结果的评价

对职业生涯决策结果的评价是指决策者对已经选择的生涯决策结果进行全面的评价，及时发现决策过程中的问题，快速修正结果或者重新进行决策。

四、职业生涯决策的原则

职业生涯决策作为人生的重大决策，要遵循特定的准则，体现其本身的特点。职业生涯决策主要遵循以下 6 个原则。

1. 积极主动原则

大学生在面临职业生涯决策时，要积极准备，主动出击。要掌握职业选择和职业生涯决策理论，认真进行自我探索，通过多种途径了解职业世界。积极参加各种职业技能培训，为成功就业创造职业素质条件。

2. 利益最大化原则

在进行职业生涯决策时，决策者都会考虑自己将来的预期收益，因为职业对一个人来说，是一种谋生的手段和获得幸福的途径。理性而明智的人都会权衡利弊，以利益最大化为原则，从一个社会人的角度出发，在一个由个人发展、社会声望、收入等变量组成的函数中找到最大值。

3. 客观现实原则

在进行职业生涯决策时，要充分考虑个人的素质条件和社会需求的可能性，做出基于现实的选择。当原来的就业意愿暂时不能得到满足时，要根据社会需要做出新的选择，可能是走另一条职业道路；可能是先到容易获取的职业岗位上去工作，再根据自己在这一职业岗位的工作情况，决定是否进行职业流动；也可能是选择一种与自己的“理想职业”相接近的职业，继续接受教育培训，积累相关经验。

4. 比较分析原则

在进行职业生涯决策的过程中，要积极进行职业间的比较分析，看看职业对自身的要求和自身对职业的适应能力是否协调一致，哪个职业发展方案更适合自己。在比较分析时，要积极地寻求家人、老师、朋友的帮助，一起分析比对，以保证决策的准确性。

5. 符合社会需求原则

在做职业生涯决策时，决策者一定要分析社会需求，择世之所需，否则就可能事与愿违。社会的需求在不断变化着，旧的需求不断消退，同时新的需求不断产生。昨天是抢手货，今天可能就会变得无人问津，形势处于不断地变化之中。

6. 特长最优化原则

任何职业都要求从业者掌握一定的技能，具备一定的能力。一个人不可能将所有技能都全部掌握。在进行职业生涯决策时，决策者要清楚地认识到自己的特长所在，尽量选择最能发挥自己特长的职业，即择己所长，只有这样，才能在特定的职业岗位上发挥自身的特长和优势。

五、职业生涯决策的影响因素

职业决策在大学生职业选择和人生发展中起着至关重要的作用。大学生在进行职业决策时，往往会受到一些因素的影响。主要的影响因素有以下几个方面。

（一）个人因素

1. 个人背景因素

职业生涯决策的形成有其自身的过程，每个人的人生都是独一无二的，个人所经历的职业生涯事件的差异，会对职业决策产生影响，它体现在不同性别、年龄和教育背景等方面。

2. 心理特征因素

个人对自我评估、职业评估和环境评估的内容及结果直接影响着职业生涯决策，其中自我评估主要是对个体心理特征的评估，对决策起着定向作用。个体的心理特征是一种稳定的特性和倾向，包括兴趣、能力、价值观和性格等。

3. 进行决策时的即时状态

要做出有效的决策，就必须保证在决策时身体、情绪和精神都处在最佳状态。在决策过程中会面临诸多障碍，这些障碍都会影响即时决策。

4. 职业兴趣

与职业选择有关的兴趣称之为职业兴趣。不同职业兴趣要求对应的职业不同，如喜欢具体工作的，相应的职业有室内装饰、园林、美容、机械维修等；而喜欢抽象和创造性工作的，相应的职业有经济分析、新产品开发、社会调查、各类科研工作等。

（二）家庭和成长环境因素

每个个体所成长的环境，对他们的就业选择都大有影响。首先，教育方式的不同，导致他们认知世界的方法不同。其次，父母职业是孩子最早观察模仿的角色，孩子必然会得到父母职业技能的熏陶。再次，父母的价值观、态度、行为、人际关系等对个人的职业选择起到直接和间接的影响，艺术世家、教育世家、商贾世家等就是这种环境因素的代表。最后，朋友和同龄人对个人的职业决策的影响也是很大的，他们的职业价值观、职业态度、行为特点等会不可避免地影响到个人对职业的偏好、择业的动机和变换职业的可能性等。

（三）社会环境因素

社会环境中流行的职业价值观、政治经济形势、产业结构变动等因素，无疑都会在个人职业选择上留下深深的烙印。不同的社会环境给予个人的职业信息是不同的。宏观上，社会的、经济的、历史的和文化的因素都能够干扰个人的决策有效。221 世纪的大学生面临的是一个知识经济社会，对相关职业信息的搜集，对日新月异的职业环境的了解，都会影响大学生对未来职业世界的看法和认识。同时，用人单位对大学毕业生的需求、技能要求、专业在社会中的具体发展状况等，也都是影响大学生职业生涯决策的因素。大学生需要在用人单位的需求和自己的具体情况之间不断地评估、预测以及调整。

（四）机遇及偶然因素

机遇也对职业定向有很大的影响。机遇就是契机、时机或机会，通常被理解为有利的条件和环境。机遇有偶然性，也具有必然性。机遇是可遇而不可求的，一个合适的工作机遇不是每个人都有机会获得的，它随机出现，具有较大偶然性。但是机遇只为那些高素质有准备的人敞开大门。

六、职业生涯决策的风格

（一）职业生涯决策风格的类型

个体在长期决策过程中形成的比较稳定的决策倾向就是决策风格。根据美国学者丁克里奇的研究，人们通常采用的职业生涯决策风格类型主要有以下几种。

1. 直觉型

直觉型是指决策者将自己的直觉感受作为决策的基础，他们对自己的决定通常说不出理由。这种类型的决策在人们无法获取充分信息的情况下可能比较有效，但通常会因为先入为主而造成与事实不符。

2. 宿命型

宿命型是指遇事不由自己决定，而将决定权交给所谓的命运。“该怎么样就怎么样”“顺其自然”这些词语是这种风格的人常挂在嘴边的口头禅，看似洒脱，其实可能是借以掩盖内心的无助。

3. 从众型

从众型也称顺从型。决策者倾向于顺从别人的计划而不是独立地作出决定，比如很多大学生一窝蜂地争取出国、进外企或参加各种培训班，只因为大家都这样做。从众的人固然在追随群体过程中获得了一种虚拟的安全感，但忽略了自身的独特性，这造成他们的选择在很大程度上并不适合自己。

4. 痛苦挣扎型

痛苦挣扎型也称苦闷型。决策者花很多时间和精力来搜集信息、反复比较，却难以做出决定，他们常爱说的一句话是：“我就是拿不定主意”。在此情境下，需要弄清是否为情绪或非理性信念所困，阻碍了决策者的决策能力，如是否有完美主义倾向或害怕自己做出错误决定等。

5. 拖延型

拖延型是指决策者习惯将对问题的思考和行动往后推迟。拖延型的人经常认为事情过几天就自动解决了，然而问题并不会自动解决，有时甚至越拖越严重。想逃避现实责任可能是拖延的真实原因。

6. 计划型

计划型是指决策者在做决策时能倾听自己内心的声音，并考虑外在环境的要求，以做出适当且明智的选择。即使面对纷繁复杂的现实决策环境，也能妥善规划，做出的决策往往满意程度高且具有可行性。

7. 瘫痪型

瘫痪型也称麻痹型。决策者可能过度焦虑或压力过大，往往在理智上接受了应当自己做决定的观念，却无法开始决策过程：他们无法真正为决策和决策的后果承担责任。

8. 冲动型

冲动型的决策者往往会抓住遇到的第一个选择，而不再考虑其他选择。这种决策方式可能是为了回避困难，不愿意花时间、精力去探索，其问题在于决策方式过于草率、决策后果风险较大，如以后有更好的选择时自然追悔莫及。

根据对“自己”和“环境”认知的多少，可以对以上职业生涯决策风格类型进行分类，见表 3–3。

表 3–3　决策风格类型四分法表

对环境	对自己	
	未知	已知
未知	痛苦挣扎型 拖延型 瘫痪型	冲动型 直觉型
已知	从众型 宿命型	计划型

职业生涯决策风格类型

案例分享

桃园摘桃

路边有一片桃园，假如可以进入桃园摘桃子，但只许前进不许后退，只能摘一次，要摘一个最大的，你会怎么办？

A. 对视野内的桃子进行比较，形成一个大概的标准，再根据这个标准选择最大的桃子。

B. 我感觉这个大！就摘这个了。

C. 去问看桃园的人，让他告诉我什么样的最大！或者问旁边的人什么样的最大。

D. 先走到最后再考虑吧。

E. 先下手为强，摘一个再说。

F. 我肯定会摘的，但到底该不该现在摘呢？还是走一走？

G. 随便走走摘一个，碰碰运气吧。

从这个小的测试中，可以了解到常见的几种决策类型。

A. 计划型。强调综合全面地收集信息、理智地思考和冷静地判断分析。（“知彼知己”）

B. 直觉型。以自我判断为导向，在信息有限时能够快速做出决策，发现错误时能迅速改变决策。（“爱你没商量”）

C. 依赖型。顺从别人的建议或计划，往往不能承担自己做决策的责任。（“他们都觉得好，我也觉得好”）

D. 拖延型。拖延不果断，倾向于不考虑未来的方向，不知道自己的目标，也不思考，也不寻求帮助。（“我还没想好做什么工作，先考研再说”）

E. 冲动型。抓住遇到的第一个选择，不再考虑其他选择或收集信息。（“先决定，再考虑”）

F. 瘫痪型。接受了自己做决定的责任，却无法开始决策过程。（“我知道我应该开始了，可我想到这件事就害怕”）

G. 宿命型。将决定留给境遇或命运。（“我这个人就是看运气”）

决策类型无对错优劣之分，大学生通过不断地审视与实践，在认清自己决策风格类型的基础上，掌握职业生涯决策的方法。学会排除影响正确、有效决策的因素，以清醒、理智的头脑把握好职业生涯中的每一次机遇。

（资料来源：作者根据相关资料整理编写）

（二）职业生涯决策风格的自我认知

1. 分析自己所属的决策风格

在了解不同决策风格的特征后，如何发挥好各种决策风格的优点，是大学生在进行生涯决策前的主要任务之一。进行决策风格测验也有一定的方法，通常主要采用对自己先前所做的事情的决策过程来分析所属的决策风格类型。

首先，考虑自己成长过程中已经经历过的重大决定，对其进行描述并记录下来，包括以下几个方面：当时的目标是什么；当时你所拥有可能的选择，拥有怎样的资源条件；你作出了怎样的选择以及作出选择的依据是什么，现在对于当时选择的评价。

其次，为了使检测的结果更加准确，一般选择三个以上的决策性事件进行分析。在完成事件描述后，需要对上述事件的决策过程进行综合性分析，与之前决策风格的描述相对比，对每项决策的风格进行判断。大学生决策风格可能正处于形成阶段，因此其检验出的决策风格结果可能差异性较大，此时则需要尽量选取与现在时间最接近的决策事件，同时尽可能地多考虑，以使决策风格检验的结果正确。

最后，当决策风格检验结果正确后，生涯决策者应当根据自己所属的决策风格重新进行决策策划，突出自身特点的同时尽量避其缺点，从而获得最终的决策结果。可以按表 3–4 的内容，进行个人的决策风格描述。

表 3–4 个人决策风格判定工具

判定		事件一	事件二	事件三
风格描述	目标或当时情境			
	所有的选择（2 个以上）			
	个人做出的选择			
	做出选择的主要依据			
	运用的决策方法			
	自己对决策结果进行评价			
	其他人对决策结果的评价			
	其他人对于自己决策风格的判定			
个人决策风格综合判定				

下表是小张同学在老师的指导下填写的个人决策风格判定表（表 3–5）。

表 3–5 个人决策风格判定表

判定		事件一	事件二	事件三
风格描述	目标或当时情境	初三时成绩不理想，尤其是理科成绩不理想，将来可能考不上大学。因此，妈妈主张考中专，但爸爸坚持考高中	高一时学校通讯社招聘记者，渴望实现自己的作家梦，但父母怕影响自己的学习，不同意	高考前填报志愿，自己喜欢学中文或英语，父母觉得没有优势，不容易找工作，老师建议学国际贸易专业
	所有的选择（2 个以上）	考高中；考中专	参加通讯社；不参加通讯社	中文专业；英语专业；国贸专业
	个人做出的选择	考高中	参加通讯社	国贸专业
	做出选择的主要依据	父亲的坚持	自己的梦想	父母意见，老师建议
	运用的决策方法	仅凭父亲的主观意识	SWOT 分析法	SWOT 分析和 CASVE 循环结合

续表

判定		事件一	事件二	事件三
风格描述	自己对决策结果进行评价	这一决策是正确的，让做自己接触了更广阔的世界	充分分析了自己的劣势，并对自己当时的勇气和决心感到自豪，是自己在追逐梦想过程中的重要经历	自身优势分析准确，对自己的兴趣爱好有充分的了解，同时决策是考虑了多方面的因素。学习国贸专业后，觉得比单纯学外语好
	其他人对决策结果的评价	成功考上大学，接触更广阔的世界，决策比较成功	没有影响学习，也实现了自己的梦想，决策较为成功	国贸专业比较热门，对语言要求高，英语是主要学习任务之一，决策较为成功
	其他人对于自己决策风格的判定	顺从型	直觉型	顺从型
个人决策风格综合判定		顺从型	直觉型	顺从型

通过对三个决策事件的回顾及个人决策风格判定工具表的填写，小张意识到自己最常用的决策模式是顺从父母和老师的意见，有时也凭自己的直觉行事。顺从型决策很大程度上忽略了自己的个人特质，使得决策有可能不适合自己，而直觉型决策虽然在一定程度上考虑了自己的感受，但有可能不符合事实，有时会产生偏见，因此不能仅仅将直觉作为决策的参考。

小张通过学习，明白自己可以也应当为自己的职业生涯做出决策，当然这种决策应建立在对自己及环境充分了解的基础上，使自己的决策风格由顺从型和冲动型向计划型转变。此外，小张还应掌握好决策方法和技能，为自己的职业发展进行计划型决策做准备。

2. 职业生涯决策风格类型测试

通常，我们在做测试的时候把职业生涯决策风格归纳为以下四点。

冲动直觉型，做决定更关注当时的情绪感受，凭感觉做事，下决定很干脆，但有时候却显得比较冲动草率。

依赖型，更希望能有人帮忙做出决定，比较被动或是顺从，对自己的能力缺乏自信心也害怕做出决定后会有的结果，所以更倾向于等待或是依赖他人，也更希望能得到他人的赞许和肯定。

逃避忧郁型，也就是我们常说的“选择恐惧症”，在面对选择或需要做决定的时候经常无法果断做出选择，无法从中做出取舍，所以总是处于挣扎中。

理性型，在做决定或做事之前，会系统地搜集相关资讯，并逻辑地权衡不同选择可能会面对的利弊得失，以做出最佳选择。

可以通过表 3-6 对职业生涯决策的风格类型进行测试。计分方法为：将同一题组的得分（选择“符合”得 1 分，“不符”不得分）记入测试结果表 3-7 中，哪种类型得分最高，自己可能就属于哪种决策风格类型。

表 3-6　职业生涯决策风格类型测试表

序号	情景陈述	符合	不符
1	我常匆促、草率地判断情况		
2	我常凭一时冲动做事		
3	我经常改变我的决定		
4	做决定之前，我从未做任何准备，也未分析可能的结果		
5	我常不经慎重思考就做决定		
6	我喜欢凭直觉做事		
7	我做事时不喜欢自己出主意		
8	做事时我喜欢有人在旁边，以随时商量		
9	发现别人的看法与我不同，我便不知该怎么办		
10	我很容易受到别人意见的影响		
11	在父母、师长或亲友催促我做决定之前，我并不打算做任何决定		
12	我常让父母、师长或亲友来为我做决定		
13	碰到难做决定的事情，我就把它摆在一边		
14	需要做决定时，我就紧张不安		
15	我做事总是东想西想，下不了决心		
16	我觉得做决定是一件痛苦的事情		
17	为了避免做决定的痛苦，我现在并不想做决定		
18	我处理事情经常犹豫不决		
19	我会多方收集做决定所必需的一些个人及环境的资料		
20	我会将收集到的资料加以比较分析，列出选择的方案		
21	我会衡量各项可行方案的利益得失，判断出此时此地最好的选择		

序号	情景陈述	符合	不符
22	我会参考其他人的意见，再斟酌自己的情况来做出最适合自己的决定		
23	经过深思熟虑之后，我会明确决定一项最佳的方案		
24	确定所选择的方案后，我会做必要的准备并全力以赴做好		

表 3-7　职业生涯决策风格类型测试结果表

题组	1～6 题组	7～12 题组	13～18 题组	19～24 题组
得分				
决策类型	冲动直觉型	依赖型	逃避犹豫型	理性型

七、职业生涯决策的基本方法

（一）SWOT 分析法

SWOT 分析法又称为态势分析法，它是由旧金山大学的管理学教授海因茨·韦里克（Heinz Weihrich）于 20 世纪 80 年代初提出来的，SWOT 四个英文字母分别代表：优势（Strength）、劣势（Weakness）、机会（Opportunity）、威胁（Threat），如图 3-3 所示。所谓 SWOT 分析，即态势分析，就是将与研究对象密切相关的各种主要内部优势、劣势、机会和威胁等，通过调查列举出来，并依照矩阵形式排列，然后用系统分析的思想，把各种因素相互匹配起来加以分析，从中得出一系列相应的结论，而结论通常带有一定的决策性。

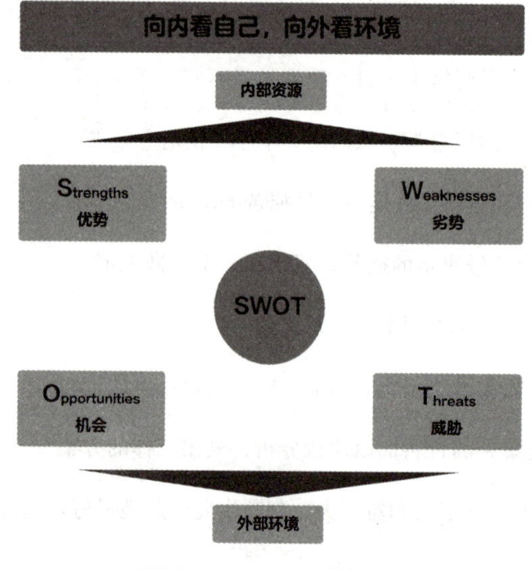

图 3-3　SWOT 分析法

运用这种方法，可以对研究对象所处的情景进行全面、系统、准确的研究，从而根据研究结果制定相应的发展战略、计划及对策等。SWOT 分析法常常被用于制定集团发展战略和分析竞争对手情况，同样，它也适用于职业生涯决策。

1. 优势（Strengths）

大学生的“优势”主要分为个人优势和资源优势。所谓个人优势，指的是纯粹属于个人因素、不随外界因素变化的优势。例如，很聪明，又例如很漂亮，其实这些都优势，可以先记录下来，但真正严谨地分析下来，应包含的领域应该更宽些。例如，有些人口才很好，有些人交际能力出众，有些人酒量特别厉害，有些人具备某些文艺体育类的特长，有些人很容易在第一印象中给人以信赖感，还有些人大学时系列地读过一些书，形成了某一领域较系统的知识，这些都是优势，比较显性也容易把握。口才好的可以从事需要与人打交道、需要说服别人的工作；酒量厉害的适合做销售或公务员，或者公关类岗位（值得注意的是，过度饮酒是透支生命，可借此起步，但不可长久如此）；有文体类特长的，说不定招聘企业需要这类人员，或人事部招聘的人和自己一样喜欢篮球，而且进入公司后可以借此很快和同事打成一片，增进人际关系；在某一领域有系统知识的，很容易在别人面前塑造渊博的形象，人们对自己不熟悉的领域总是有些敬畏的。

还有一些优势是相对隐性的，如对数字很敏感（例如能对抽象的事物进行量化）、逻辑能力强（例如总是能从一些蛛丝马迹分析出同学对自己的看法）、善于收集信息情报、在团队中有很强的煽动力（例如发现自己很容易调动起同学的情绪）等，不管对职业有无帮助，先罗列了再说。如果担心自己总结得不够全面，还可以请同学们帮忙。

资源优势的因素很多，包括人力资源、财力资源、品牌资源、知识资源等。例如有一些有能力的朋友；家里可以出一大笔资金用作投资创业；所在学校是名牌，口碑很不错；所学的专业刚好市场稀缺等。这些资源优势，可以为个人的职业规划的实施奠定良好的基础和创造条件。

2. 劣势（Weaknesses）

劣势，即相对优势的各个角度而言欠缺的地方。找出劣势，对于战略规划的意义也非常重大，在了解自己能做什么之前，应先了解自己最好不要做什么、可能遇到什么麻烦，在懂得做加法之前，应学会做减法，这样可以帮助大学生减少挫败的概率。

过度自信和过度自卑都可能影响判断力。首先，不要把“没有优势”就直接看作“劣势”，在某方面没有优势仅仅说明还不够出众。可以针对前面所提的一些角度，进一步分析自己的劣势，多严格、客观地剖析自己，如不善言语、害羞、粗枝大叶、知识贫瘠、专业冷门或太过热门等。分析劣势的目的不是使自己变得更沮丧，而是使自己了解该如何避开这些劣势，使自己在职业之路上变得更聪明。当然，如果一定要挑战这些劣势，坚信“一切皆有可能”，不是不行，只是困难会多出许多。

大学生也有些较通行的劣势，需提醒自己注意。例如，缺乏经验，自我期望较高并因此造成在职的不稳定性，学校的知识很可能比较陈旧而不适用于企业，现代大学生活可能养成的许多不良习气（如懒散、易抱怨、不关心他人及其他基本素质方面的问题等）。

3. 机会（Opportunities）

机会，主要指从外界得到的机会，当然也包括学校可能提供的如“出国”“进修”“考研”“对口实习”等。不要以为校园内往来奔告的如“某某企业来学校招聘啦”才是传说中的机会，然后使尽各种江湖招数去“把握”这样的机会。机会的分析需要很广阔的视角，宏观上包括国家的经济形势、产业政策、法律法规、各区域的产业发展态势、行业趋势等；微观上包括收集到的来自各企业、政府部门、人才市场、学校或学长们提供的各类有利的信息。尤其要关注新生的、高增长预期的职业领域，和自己专业或自身优势有关的边缘性、复合型职业领域，职业竞争者薄弱，国家强烈倾向的人才政策等利好信息。机会总是悄立在人们不注意的角落，不做好充分准备难免会漏掉有价值的信息。

4. 威胁（Threats）

威胁包括人才市场竞争激烈、人才需求饱和、所学专业领域过缓的增长甚至衰退、新的低成本竞争者（甚至是技术上的替代者）、人才需求方过强的谈判优势、不利的政策信息、新提高的职业门槛等；也包括来自自身的，例如身体健康隐患、家庭不稳定因素、糟糕的财务状况及还款压力等。“威胁”这个词听着总让人有些不舒服，但如果能对此有所预防，就能够先确立一定程度的优势。因此，普遍存在的各类威胁也可能成为大学生参与社会竞争的有力工具。

案例分享

李同学的 SWOT 职业生涯规划分析

李同学是某普通本科院校市场营销专业本科毕业生，该校的市场营销专业是新设专业，其优势并不突出。李同学本人没有直接的工作经历，曾担任过两年的校学生会主席，工作能力受到教师和同学的肯定。在担任学生会主席期间，他曾和一些企业领导打过交道，也曾利用暑期社会实践的机会为两个企业设计过营销策划方案，其中部分内容被企业采纳，受到企业领导赞赏。但由于学生会工作占用其大量的学习时间，他的专业成绩一般。不过他的英语能力特别突出，曾参加过省级英语演讲比赛。李同学性格较为自傲，做事喜欢独断专行，不愿听取别人的意见。现在他想得到一份企业营销策划管理方面的工作。以李同学为例，详细阐述如何运用 SWOT 分析法进行职业决策，见表 3-8。

表 3-8 SWOT 分析法

外部环境分析（O.T） 内部环境分析（S.W）	机会 1. 营销是企业生存的关键，在企业中起着重要作用 2. 市场缺少优秀的营销策划人员 3. 随着与国际的接轨，国内企业与国外企业接触日益频繁，需要国际化营销人才	威胁 1. 学校在社会上名气不大 2. 专业优势不强，特别是随着 MBA 的兴起，专业竞争激烈 3. 市场营销策划在很多中小企业仍不受重视
优势 1. 英语成绩好，尤其口语好 2. 丰富的学生干部工作经历，工作能力突出 3. 有社会实践经历 4. 与企业领导有接触，社会关系资源较丰富	优势机会策略（S.O） 1. 利用英语优势，在外资企业或者企业对外营销部门工作 2. 发挥学生干部的管理专长 3. 利用社会关系资源，直接接触企业领导，为自己争取机会	优势威胁策略（S.T） 1. 强调自己的工作能力 2. 强调自己的社会实践经历，特别是被企业采纳的营销策划方案 3. 强调自己的沟通、协调、组织和人际交往能力
劣势 1. 专业成绩不突出 2. 缺乏直接的工作经验 3. 性格有缺陷，较为自傲	劣势机会策略（W.O） 1. 加强专业学习，补充专业领域的最新知识信息 2. 继续提高英语应用能力	劣势威胁策略（W.T） 1. 改善个性缺陷，学会谦虚，听取他人意见 2. 寻找重视员工潜能、发展战略长远的企业

从李同学职业生涯规划案例中不难看出，S.O 策略是四种策略中最有效的，因为很多劣势因素是难以弥补的，与其着重于弥补劣势，不如突出优势。因此，在李同学感兴趣的职业目标中，选择与 S.O 策略最匹配的职业目标就是最佳参考。

（资料来源：范媛吉，陈晓萍，向江．大学生生涯发展教育概论 [M]．长沙：湖南大学出版社有限责任公司，2021.）

（二）决策平衡单

1. 决策平衡单的概述

决策平衡单（decision-making balance sheet）是帮助决策者使用表单的形式，系统地分析每一个可能的选项，判断分别执行各选项的利弊得失，然后依据其在利弊得失上的加权计分排定各个选项的优先顺序，以执行最优先或偏好的选项。决策平衡单经常被应用于问题解决模式和职业咨询中。

2. 决策平衡单的主体框架

决策平衡单的设计，是用来协助决策者作出好的重大决定。它的主体包括以下四个方面。

（1）个人物质方面的得失（utilitarian gains or losses for self）。

（2）他人物质方面的得失（utilitarian gains or losses for significant others）。

（3）个人精神方面的得失（self–approval or disapproval）。

（4）他人精神方面的得失（social approval or disapproval）。

3. 决策平衡单的使用步骤

（1）列出可能的职业选项。决策者首先需在决策平衡单中列出有待深入评价的潜在职业选项 3 至 5 个。

（2）判断各个职业选项的利弊得失。决策平衡单中提供决策者思考的重要得失，集中于 4 个方面，分别是：个人物质方面的得失、他人物质方面的得失、个人精神方面的得失、他人精神方面的得失。决策者可依据重要的得失方面，逐一检视各个职业选项，并以“+5”至“–5”的十一点量表（+5，+4，+3，+2，+1，0，–1，–2，–3，–4，–5）来衡量各个职业选项。

（3）各项考虑因素的加权计分：决策者在各个方面的利弊得失之间，会因身处于不同情境而有不同的考虑，因此，在详细列出各项考虑层面之后，须再进行加权计分。即对当时个人而言，重要的考虑因素可乘以一至五倍分数（×5），依次递减。

（4）计算出各个职业选项的得分：决策者须逐一计算各个职业选项在“得”（正分）与“失”（负分）的加权计分与累加结果，并计算各个生涯选项的总分。

（5）排定各个职业选项的优先顺序；依据各职业选项在总分上的高低，排定优先次序。职业选项的优先次序即可作为决策者职业生涯决策的依据。

需要注意的是，不同的评价细目对决策的意义不同，可以在进行上述评价时，对每个项目加权计分。表 3–9 显示了一次决策平衡单的分析过程。

表 3–9　决策平衡单的分析过程

考虑因素	教书		读研	
	+	–	+	–
一、个人物质得失				
个人收入（×4）	8（+32）			–6（–24）
健康状况（×2）		–6（–12）	3（+6）	
休闲时间（×3）		–1（–3）		–2（–6）

续表

考虑因素	教书		读研	
	+	−	+	−
未来发展（×2）	2（+4）		6（+12）	
升迁状况（×1）	1（+1）		4（+4）	
社交范围（×3）	3（+9）			−1（−3）
二、他人物质得失				
家庭收入（×5）	3（+15）			−2（−10）
三、个人精神得失				
所学应用（×2）	5（+10）		5（+10）	
进修需要（×3）	1（+3）			−1（−3）
改变生活方式（×3）		−4（−12）	6（+18）	
富挑战性（×4）	2（+8）		3（+12）	
成就感（×5）	3（+15）		3（+15）	
四、他人精神得失				
父母支持（×4）	6（+24）		3（+12）	
好友、老师的认可（×3）	5（+15）		5（+15）	
男/女朋友支持（×2）		−8（−16）	2（+4）	
总分	93		62	

从表 3–9 中可以看出，经过决策平衡单的分析过程，教书生涯选项的总分为 93，而读研生涯选项的总分为 62，因此，依照该决策平衡单的结果做出教书的生涯决策在实际的决策平衡单技术使用过程中，应争取较为全面地提出生涯选项相关的考虑因素，并且应谨慎地考虑赋予每个选项的权重系数，因为权重的大小对最终结果将有直接影响。

案例分享

李同学的决策平衡单

表 3–10 是一个比较“国贸专业研究生”“英文记者”和“导游”这三种选择的决策平衡单示例。

表 3-10 李同学的决策平衡单

考虑因素	权重	选择一 国贸专业研究生		选择二 英文记者		选择三 导游	
	1—5倍	加权分数（+）	加权分数（-）	加权分数（+）	加权分数（-）	加权分数（+）	加权分数（-）
个人物质方面的得失							
1. 个人收入	3	0（0）		2（+6）		4（+12）	
2. 未来发展	4	5（+20）		4（+16）		2（+8）	
3. 休闲时间	2		-1（-2）	0（0）		3（+6）	
4. 对健康的影响	1	2（+2）		2（+2）		4（+4）	
他人物质方面的得失							
1. 家庭收入	3		-1（-3）	2（+6）		4（+12）	
2. 家庭地位	2	5（+10）		3（+6）			-2（-4）
个人精神方面的得失							
1. 创造性	5	4（+20）		4（+20）		4（+20）	
2. 多样性和变化性	5	4（+20）		5（+25）		5（+25）	
3. 影响和帮助他人	4	3（+12）		4（+8）		5（+10）	
4. 向出独立	4		-1（-4）	4（+16）		5（+20）	
5. 挑战性	3	5（+15）		3（+9）		4（+12）	
6. 被认可	3	4（+12）		5（+15）		5（+15）	
7. 应用所长	5	2（+10）		5（+25）		5（+25）	
8. 兴趣的满足	4	3（+12）		5（+20）		5（+20）	
他人精神方面的得失							
1. 父亲	3	5（+15）		3（+9）		3（+9）	
2. 母亲	3	5（+15）		2（+6）			-1（-3）
3. 男朋友	2	3（+6）		4（+8）		4（+8）	
4. 老师	1	5（+5）		4（+4）			-1（-1）
总分		165	201	198			

（资料来源：董葵，王独伊．大学生职业生涯规划［M］．北京：科学出版社，2020.）

（三）决策树分析法

决策树分析法是常用的风险分析决策方法。该方法是一种用树形图来描述各方案在未来收益的计算方法。比较及选择的方法，其决策是以期望值为标准的，人们对未来可能遇到好几种不同的情况，每种情况均有出现的可能，目前虽无法确知，但是可以根据以前的资料来推断各种自然状态出现的概率。在这样的条件下，人们计算的各种方案在未来的经济效果只能是考虑到各种自然状态出现的概率的期望值，与未来的实际收益不会完全相等。

决策树分析法利用了概率论的原理，并且利用一种树形图作为分析工具。其基本原理是用决策点代表决策问题，用方案分枝代表可供选择的方案，用概率分枝代表方案可能出现的各种结果，经过对各种方案在各种结果条件下损益值的计算比较，为决策者提供决策依据。

如果一个决策树只在树的根部有一决策点，则称为单级决策；若一个决策不仅在树的根部有决策点，而且在树的中间也有决策点，则称为多级决策。

决策树分析法给职业犹豫者在做职业决策时提供了有效的帮助。

（四）CASVE 循环

CASVE 循环是一种职业生涯规划决策技术，包括沟通（Communication）、分析（Analysis）、综合（Synthesis）、评估（Value）和执行（Execution）五个阶段，其英文缩写"CASVE"（Peterson，Sampson & Reardon，1991），如图 3-4 所示。

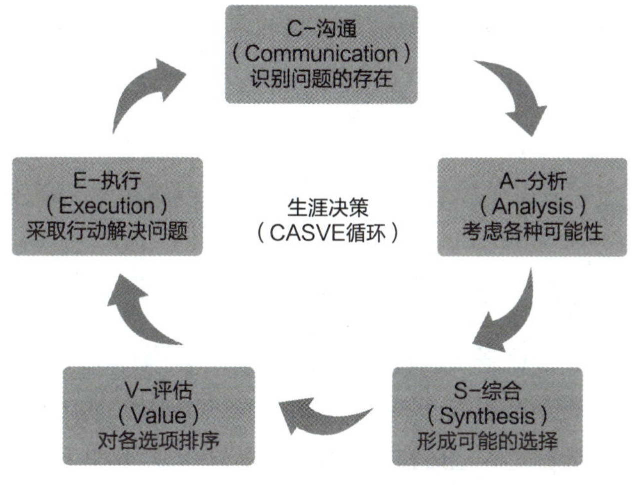

图 3-4 CASVE 循环

1. 沟通

沟通（Communication）是指生涯规划决策者发现理想与现实有差距，意识到问题的存在。

这个阶段，是决策的开始。个人收到了关于职业理想与现实之间存在差距的信息，这些信息可能通过内部或外部交流途径传达给个人，内容沟通包括情绪信号，例如不满、厌烦、焦虑和失望，还有身体信号，如昏昏欲睡、头痛、胃部疾病等。外部沟通包括父母对自身的职业规划的询问，同事、朋友对职业的评价，或者是杂志上关于所学专业正在逐渐过时的文章。这是意识到自己需要做出选择的阶段。在这个阶段，需要通过各种感官感知和思考，充分接触问题。

2. 分析

分析（Analysis）是指将问题的各个组成部分相互联系起来，对现状进行评估，了解自己和自己可能的选择，对所有的信息进行分析。

这个阶段，生涯规划决策者需要花时间去思考、观察、研究，对兴趣、能力、价值观和人格等自我知识及各种环境知识进行分析，从而更好地理解现存状态和理想状态之间的差距，了解自己有效地做出反应的能力。好的生涯规划决策者，阻止用冲动行事来减小在沟通阶段所体验的压力或痛苦，因为他们知道，这是无效的，甚至可能令问题恶化。他们很清楚，要解决这个问题需要了解自己的哪些方面，了解环境的哪些方面，需要做些什么才能解决问题，为什么会有这样的感受，家庭会怎样看待等问题。这是了解自己及其各种选择的阶段。在这一阶段，生涯规划决策者通常会改善自我知识，不断了解职业世界和家庭需要。简单说，在分析阶段，生涯规划决策者应尽可能了解在第一阶段发现的差距的原因。分析阶段还需要把各种因素和相关知识联系起来，例如，把自我知识和职业选择联系起来，把家庭和个人生活的需要融入职业选择中。

3. 综合

综合（Synthesis）主要是综合和加工上一阶段提供的信息，从而制定消除差距的行动方案。

其核心任务是，确定自己可以做什么来解决问题。这是一个发散思考并缩小选择清单的过程。首先，尽可能多地找到消除差距的方法，发散地思考每一种办法，甚至采用“头脑风暴”进行创造思维。然后，缩小有效方法的数量，通常缩减到 3 至 5 个选项，因为人的大脑最有效的记忆和工作容量就是这个数目。

4. 评估

评估（Value）阶段的第一步是评估每一种选择对生涯规划决策者及他人的影响。对于综合阶段得出的 3 至 5 个职业进行具体的评价，评估获得该职业的可能性，及这个选择对自身及他人的影响，从而进行排序。例如，可以问自己：对个人而言什么是最好的？对个人生活中的重要的人而言什么是最好的？大体上，对个人所处的环境而言什么是最好的？每一种选择都要从对自己和对他人的代价和益处两方面进行评价，并综合物质上和精神上因素。

第二步就是对综合阶段得出的选项进行排序，能够最好地消除差距的选项排在第一位。次好的排在第二位，依此类推。此时，生涯规划决策者会选出一个最佳选项，并且做出承诺去实施这一选择。

5. 执行

执行（Execution）是实施选择的阶段，把思考转换为行动，即根据自己最终的选择制订计划，采取行动。很多人都觉得在执行阶段制定行动计划是令人兴奋的和有价值的，因为他们终于可以开始采取积极行动去解决问题了。但需要注意的是，决策是一个循环的过程，也就是说，在行动之后，还需要对自己的决定及其结果进行评估，由此进入新一轮的决策过程。

CASVE 循环是一个不断重复的过程。在执行阶段之后，生涯规划决策者又回到沟通阶段，以确定已经选取的选择是不是最好的，是否能最有效地消除理想与现实间的差距。CASVE 循环无论是对解决个人职业规划问题，还是解决团体问题，都非常有用。

（五）“5W”法

在职业生涯规划与决策中，“5W”法是一种简单易行的方法。5 个“W”的含义是：“Who am I（我是谁）”“What will I do（我想做什么）”“What can I do（我会做什么）”“What does the situation allow me to do（环境支持或允许我做什么）”“What is the plan of my career and life（我的职业与生活规划是什么）”。从某种意义上说，回答完问题，也就基本上完成了职业决策。

案例分享

“5W”分析步骤示范

小孙，26 岁，他的姐姐在英国为他办好了留学攻读硕士学位的手续，而他在出国与留下的犹豫中，使用“5W”法对自己进行了职业生涯规划。经过整理的各组答案如下。

1. 我是谁（Who am I）？

一家律师事务所的律师（任职一年多，同事关系不错，待遇令人满意）；在来这家事务所前，就读于国内某名牌大学的法学院，成绩一直比较突出，多次获得奖学金，还被评为优秀毕业生；想做一个对社会有贡献的人、一个正派的人；父母都在老家，父亲（退休的公务员）和母亲（普通退休干部）身体都不是很好，需要时常回去看望他们；对生活要求不高，但需要体面而丰富的生活；姐姐前几年研究生毕业就直接出国留学了，有点羡慕；我很爱我的女朋友，我们准备结婚，但时机尚未成熟；身体健康，心理较正常；性格较外向，情绪较乐观；好奇心较强，学习能力不错。

2. 我想做什么（What will I do）？

做一名律师；做一名法官；做一名法律学者；和妻子共同住在属于自己的舒适的房子里，每天开着自己的汽车去上班；在父母有生之年能够多尽一点孝心，可能的话把他们接到家里来住；有时想与人合伙开事务所，自己当老板，但现在的老板如果能吸收我做合伙人，并提供更大的事业空间似乎更好些。

3. 我会做什么（What can I do）？

可承担更多的业务，并能协调律师事务所各部门的关系；能讲一些法学类课程；会开汽车；相信还可以学会很多东西。

4. 环境支持或允许我做什么（What does the situation allow me to do）？

在当前单位升职，有可能最后获得合伙人身份；市内有多家同类事务所挖我去做项目负责人，薪酬比现在高一两倍（现在一年大的收入 7 万元），但是他们的事务所很小，不知他们能否兑现承诺；可以去大学深造；姐姐可以帮助我到国外的大学去读书，但以后回来可能还要从头开始。

5. 我的职业与生活规划是什么（What is the plan of my career and life）？

继续在现在的单位好好干，不远的将来能得到晋升，并获得重用；同时在职攻读硕士学位；买房、结婚、买汽车；经常去看父母，以后接他们来住；去其他律师事务所做合伙人；出国读书。

经过分析，小孙最后放弃出国，并决定继续留在现在的事务所工作。结果不到三年，他成为律师事务所内最得力的律师之一，得到老板重用；自己买了房子、车子，和女朋友结了婚，并利用业余时间完成了在职硕士学习；父母不久前来住了一段时间，嫌城市生活节奏太快、熟人太少，待不习惯而返回故里。

（资料来源：谢宝国．大学生涯规划与职业发展[M]．北京：教育科学出版社，2021.）

（六）元认知——监控和调整决策过程

在认知信息加工理论中，通过元认知对自身决策状态进行觉察、监督和调控，是很重要的执行加工阶段。通过这个过程，可以思考个体处于 CASVE 循环中的哪一个步骤，是否需要更多关于自我或者职业的信息，是否已经完成了决策过程，该做哪些调整。在元认知中，有三种特别重要的技能：自我对话、自我觉察和自我监控。

1. 自我对话

自我对话是一种一闪而过的念头和想法，就是自己在内心对自己说话，对自身的行为有很大的影响。自我对话既可以是积极的，也可以是消极的。积极的自我对话包括，如“我能找到我所需要的关于一个职业的信息”这样的想法。消极的自我对话常常会和求职中的困难相联系，如“我不可能得到这份工作”。积极自我对话能产生两点好处：第一，它能产生一种积极的期待，让个体对即将开始的行动很有信心，也会付出更多努力；第二，它能强化积极的行为。而消极的自我对话会使良好的职业生涯出现问题。

2. 自我觉察

自我觉察是指个体知道自己正在做什么和为什么做。就像在骑自行车的过程中，个人既需要去觉察身体是否平衡，是否越来越疲劳，心情是急躁还是放松，注意力是否集中等自身的状况；也需要觉察骑车的环境是否安全，车胎是否有气等外部的状况；更重要的是要去的目的地是哪里，路线是否正确等与目标相关的状况。自我觉察会促进个体成为更有效的问题解决者。可以知道自己的身心状态，能够明确积极或消极的自我对话，然后通过自我监控，对身心状态、自我对话进行调整。

3. 自我监控

自我监控是指对自身和正在做的事情的进展状况进行思考和调控。个体能够监督自己完成决策过程的方式，控制自己分配给每个时期或阶段的时间，及时调整自己的方式和策略。

自我对话、自我觉察和自我监控是执行加工阶段的三项技能，掌握这三项技能，可以更好地对 CASVE 循环进行监控和调整，让决策过程更有效合理地进行。

八、职业决策的验证

验证职业决策，是改进决策的必经过程，通过分析自身现状、自我反省、寻求帮助等步骤来监控自身职业决策过程。

（一）分析自己的角色

1. 自我优势分析（知己）

（1）个人曾经做过什么：即已有的人生经历和体验，如在学校期间担当的职务，曾经参与或组织的实践活动，获得过的奖励等。这些可以从侧面反映出一个人的素质状况。在自我分析时，要善于利用过去的经验选择、推断未来的工作方向和机会。

（2）个人学习了什么：在学校期间，从学习的专业课程中获得了什么。专业也许在未来的工作中并不起多大的作用，但在一定程度上决定个人的职业方向，因而尽自己最大努力学好专业课程是职业生涯规划的前提条件之一。

（3）最成功的是什么：做过最成功的是什么？为何成功？是偶然还是必然？通过分析，可以发现自我性格优越的一面，譬如坚强、果断，以此作为个人深层次挖掘的动力之源和魅力闪光点，这也是职业生涯规划的有力支撑。

2. 自我劣势分析（知己）

（1）性格弱点：一个独立坚强的人很难和他人默契合作，而一个优柔寡断的人绝难担当企业管理者的重任。美国现代成人卡耐基曾说，人性的弱点并不可怕，关键是要有正确的认识，认真对待，尽量寻找弥补、克服的办法，使自我趋向完善。

（2）经验或经历中所欠缺的方面：多次失败，之前从未接触过某项工作，这都说明经历的欠缺。欠缺并不可怕，怕的是自己还没认识到，却一味地不懂装懂。

3. 环境分析（知彼）

（1）对社会大环境的认识与分析：当前社会政治、经济发展趋势；社会热门职业门类分布与需求状况；自己所选择职业在当前和未来社会中的地位情况；社会发展趋势对自己职业的影响。

（2）对自己所选企业的组织环境分析：所从事行业的发展状况和前景；本行业中的地位和发展趋势；所面对的市场状况，包括行业环境分析和企业环境分析。

4. 人际关系分析（知彼）

个人职业过程中将同哪些人交往，其中哪些人将对自身发展起重要作用，是何种作用；这种作用会持续多久，如何与他们保持联系，可采用什么方法予以实现；工作中遇到什么样的同事或竞争者，如何相处、对待。

外因是变化的条件，内因是变化的依据。既知己又知彼，职业决策就有了成功的基础。

（二）适当的反省

写下阻碍自身达到目标的缺点、所处环境的劣势。这些缺点和劣势一定是与目标有联系的，而不是单纯的罗列。它们可能是来自素质方面、知识方面、能力方面、创造力方面、财力方面或者行为习惯方面的不足。当发现自己的不足时，就下决心改正它，这能使自己不断进步。

（三）寻求帮助

能分析出自己行为习惯中的缺点并不难，但要去改变它们却很难。向父母、老师、朋友、职业咨询顾问寻求帮助。有外力的协助和监督能够更有效地完成这一步骤。

九、职业生涯决策阻碍与应对

职业生涯决策非常重要，将会持续影响决策者未来的生活和发展，但是其决策过程对某些人而言非常困难，尤其是在一些特定情况下，职业生涯决策会受到很多限制。究竟哪些因素会阻碍有效决策呢？采取哪些措施能够有效地应对这些阻碍因素的影响？以下就对这些问题进行说明。

（一）职业生涯决策的阻碍因素

1. 个人和职业相关信息匮乏或信息膨胀

信息是决策的基础条件。职业生涯决策过程所需的信息包括决策者的职业价值观、天赋、兴趣、个性等自身情况，还包括决策者所倾向的职业相关信息，如行业目前的发展形势、对其中具体的工作人员的专业素质和知识结构要求、如何获得满意的工作岗位、进入该行业需要注意的内容等。如果决策者缺乏信息基础，那么决策大多是盲目的、不切实际的，可能影响生涯决策的有效性。同时，决策者在决策过程中还要有一定的甄别能力，当前社会信息网络技术的飞速发展，导致信息过多或者过于复杂，决策者可能因客观环境的影响而获得了错误的信息，这些信息可能对决策结果产生负面影响，如有的同学盲目地完成了一些职业能力测试，常常出现矛盾结果，使其在决策过程中更加困惑。

2. 心理亚健康情绪

心理因素是职业生涯决策的影响因素之一，对性格开朗、自信心较强的学生来说，进行职业生涯决策也较为重要。如决策者在决策过程中因为性格内向而产生的抵触情绪，或者在与竞争者的比较过程中，感觉自己竞争优势不足，从而产生的自卑情绪，这都可能做出错误或者存在偏差的职业生涯决策。心理亚健康状态还包括焦虑、缺乏自我胜任感以及动机冲突等，还有的同学过高地估计了自己的能力，产生了自傲情绪，如认为自己就应该找到高层管理者职务，不屑于到基层中工作，这种情绪可能使决策结果偏离客观事实，不具有实现性。

3. 缺乏职业生涯决策经验和决策知识技能

有的学生在决策前已具备很好的自我认知，对自己的各种选择也很了解，但却做出了糟糕的职业生涯决策；也有的同学曾经做了大量的职业测试来了解自己的职业兴趣、天赋等个人特质，却依然做不出决策，这都是因为他们缺乏决策的必要知识技能。决策的知识技能是决策者可以将信息转化成最终决策结果的关键，决策者也常常由于决策经验有限或者对自身决策能力缺乏自信而做出错误的决定。

4. 家庭干预

家庭和人际关系面临困境，势必会影响职业生涯决策者的决策过程。有些家长能够客观评价学生的决策结果并给予一定得指导，鼓励学生完成职业生涯规划。但是有的学生家长根据自己的经验（有时候是对某种客观事物的偏见）否定学生的决策结果，比如说一些家长认为做营销策划的人要长期出差，与各种商家打交道，非常不适合女孩子。甚至还有的家长对学生的职业生涯决策强制干预，不考虑学生的兴趣性格特征，只是按照自己的想法为学生规划未来，使学生的潜能不能得到有效的发挥。

职业生涯规划专家通过研究家庭系统和职业生涯决策发现，那些与家庭其他成员高度融洽或密切相连的人，往往在决策中很难保持自己情绪和心理上的独立；另外，家庭成员之间无法就义务、经济、责任、价值观等达成共识，也会使个人决策出现问题。

5. 社会观念的偏差

社会普遍价值观念和生活习惯能够深刻影响个人生涯决策的有效性。当前就业环境中，年龄、地区、性别方面的社会意识偏差，使很多企业在招聘的过程中明确提出性别要求，或者对应聘者户口所在地的要求等，对于应聘者职业生涯决策的实际有效性产生了很大影响，阻碍了学生的教育或就业选择，从而使职业生涯决策变得更复杂。

（二）职业生涯决策障碍的应对

以上五方面因素都可能使职业生涯决策受到阻碍，面对多个方面的阻碍影响，大学生在进行职业决策时，应当采取措施应对阻碍因素，同时还要结合大学生活规划，使大学生活的布局规划与职业生涯决策结果相匹配。

1. 从内部——决策者个人角度

（1）应注重激发大学生自我职业生涯决策意识，学习决策方法。大学生作为职业生涯决策的主体，应注重自我职业生涯决策意识的激发。只有当个人自觉意识到职业生涯决策的重要意义，才不会人云亦云，并且这种意识的培养必须从大学低年级开始。这是因为处于大学低年级的同学对于职业发展前景的思考常常存在一定的盲目性和不完备性。这就要求大学生能根据自身特点，尽早确定职业方向。同时还要注重参加学校组织的相关课程指导，通过课堂教学、职业生涯人物访谈、信息面谈等方法，帮助自己加深对所学专业的了解；通过与专业教师的交流来了解本专业的职业定位，使自己所学与社会职业相联系，并通过社会实践、教学实习，真实地参与相应的职业活动，获得更多的工作经验，从而激发自我主动思考职业的意识，提高职业决策意识和决策能力。

（2）培养健康的心理素质。除了提高自身的专业技能素质外，在校大学生还应加强自身心理素质的培养，培养乐观开朗、积极向上的生活态度。在学习生活中，应注意自身压力的排解。积极参加集体活动，加强同学之间的交流；自己生活中不能解决的问题或矛盾应及时与家长或老师沟通。尤其是在职业生涯规划的过程中，大学生应敢于发现自己的问题，并向学校、家长寻求帮助。

（3）职业生涯决策结果应不断调整。大学生必须意识到职业生涯决策是一个循环的过程，要贯穿整个大学期间，对于已经做出的职业生涯决策要通过信息收集、自我评估以及实际规划制定过程来不断检验，对于决策结果做出及时调整，从而在大学期间做出较为全面且可行的职业生涯规划。

2. 从外部——影响决策因素角度

从家长的角度来说，家长应是学生进行职业生涯规划的支持者。家长应努力建立平等沟通的环境，倾听子女的真实想法，并尊重子女的决策结果。在为子女指导职业生涯规划的过程中，应结合其性格和兴趣特点进行引导，而不是过分地干涉决策结果，可以结合自身职业生涯发展经验为其指出决策过程中的不足。

从学校的角度来说，要通过专业课程尽早使学生明确职业生涯决策的重要性，并向学生传授科学的职业生涯决策方法。同时，学校作为学生接触社会的“桥梁”，应积极向学生提供各个行业的发展趋势和就业的相关信息，使学生能够根据社会的需求调整自己的知识结构，为职业生涯决策做好准备。另外，学校还可以组织相关的讲座活动，邀请优秀的社会工作者为学生讲解企业或政府工作的相关情况，使学生能够了解到全面的职业信息；还可以通过短期的实习工作，使学生能够亲自参加工作来了解工作环境，找出自身的不足，并通过学习补足一定的差距。

从社会的角度来说，经济形势很大程度上影响了大学生的就业状况。国家稳定经济政策，实现社会经济稳定发展，是大学生进行职业生涯决策的保障；同时，媒体的价值导向也对大学生职业生涯决策起到了引导作用；国家法律也逐渐完善，保障大学生的就业权利，为大学生职业规划决策创造良好的环境。

第五节　职业适应

一、职业适应概述

大学毕业生走上社会，首先要面对如何适应职业生活，按照“人岗适配”的原则，在竞争中求生存、求发展，最大限度地实现个人价值，并为社会作出贡献。因此，认识职业适应的规律，掌握职业适应的基本要求，尽快主动地适应职业生活，对毕业生的成才和发展具有十分重要的意义。

（一）职业适应及其规律

职业适应是指个体在职业认知和职业实践的基础上，不断调整和改善自己的观念、态度、习惯、行为等，以适应职业实践的发展和变化。适应的实质就是个体由自然人向社会人的转化。大学毕业生告别学生时代，从走进职业生涯到适应职业生活，要经过对职业实践和职业环境等的观察、认知、内化等一系列的过程，才能达到对职业能力的适应。初入职场的毕业生，由于对职业角色的认知和理解不深，很容易发生角色偏差或错位。因此，掌握职业角色规范，遵守职业角色的行为模式，增强对职业角色的认同感和归属感是非常必要的。掌握适应期的一般规律，有助于顺利开展工作，有助于个人的成长和成才。职业适应从内容上讲，主要包括以下几个方面。

1. 角色适应

角色适应就是对工作岗位的主动适应，即对职业的地位、性质、职责的适应，最大限度地“人岗适配”。由于大学生毕业后随即走上工作岗位，学生角色向社会角色的转变随之发生。大学生若不能及时转变思想观念和行为习惯，不能用职业的行为规范要求自己，不会运用所掌握的知识和才能，就不能很好地履行岗位职责，难以适应职业的规范要求。

2. 心理适应

心理适应是指毕业生对职业的各种信息产生的各种心理反应过程，如感知、情感、意志、性格等都有一个适应过程。其中，情感的适应更为重要。情感是人对外界事物的心理反应。生活环境和生存环境的变化，也促使毕业生有必要调节自己的情感与之相适应，要对从事的岗位保持一种稳定的工作热情和适度的期望值。部分毕业生在就业初期，都不同程度地存在依赖、从众、畏惧、浮躁、迷惘等不良心理。此时，如果不及时调整和矫正这些不良心理，必然影响工作以及个人的成才和发展。

当自己出现心理问题时，不要过分紧张和害怕，可以尝试通过自我心理调适来进行排解。必要时，可以求助心理咨询专业人员，在其指导帮助下解决心理问题。以下是几种常用的自我心理调适的方法。

（1）自我暗示法。自我暗示法，是指通过主观想象某种特殊的人与事物的存在来进行自我刺激，达到改变行为和主观经验的目的。这也是较为常用的心理调适方法之一。一些性格较为内向、不愿意把内心苦闷倾诉给别人的毕业生可以采用此方法，通过积极的自我暗示，可以肯定自我，克服消极的心理状态，从而实现心理平衡。比如，可以大声说出来，或默念，或写出来，如“我是一个出类拔萃的求职者”“我一定能找到适合自己的工作”“天生我材必有用”等，通过这种方法可以克服自卑，稳定情绪，舒缓压力，达到调整不良心境的目的。

（2）自我放松法。自我放松法，是通过肢体、意念的调控来实现放松的调适方法，可以帮助学生减轻或消除各种不良的身心反应。在就业过程中，当遇到面试、演讲等环节时，很多毕业生会出现紧张、焦虑等情绪，此时可以采用此方法进行调适。一是肌肉放松，基本方法是先局部后全部收紧躯干肌肉群，适时保持紧张，然后放松，此法主要是体验由紧张到放松的感觉。如默数1、2、3、4、5……用力握紧拳头，坚持10秒，然后彻底放松双手，体验放松的感觉。二是意念放松，方法是先稳定情绪，静下心来，闭上眼睛，排除杂念，把注意力集中到下丹田，用腹式呼吸法慢慢呼吸。吸气时，想象丹田处有一股气从腹部升到胸部，再升到头部；呼气时，想象这股气从头顶向后顺脖子、脊梁直回到丹田，反复几次，能达到消除紧张的效果。

（3）转移注意法。转移注意法，是指在出现心理问题不易控制时，可以采取迂回的办法，把自己的注意力、精力和情感转移到其他活动上去，从而达到排解内心苦难、烦躁，放松自己心情的目的。毕业生遇到挫折出现郁闷、痛苦、悲伤等消极心境时，可以转移注意力，去做自己喜欢做的事情。如参加体育锻炼、听音乐、看电影等，待消极情绪有所缓解时，再冷静考虑自己的就业问题，这时的分析才会客观和理性。

（4）客观分析法。客观分析法，是指人在面对挫折和失败时，能理性、冷静地面对出现的问题，客观分析失败的原因，从而调整心态，实现心理平衡。就业过程中，难免会遇到挫折，或简历被退回，或笔试被刷掉，或面试被淘汰，出现此类问题时，一定要客观分析原因，是个人原因，还是用人单位的原因？是个人能力、素质的原因，还是就业目标偏高的原因？通过正确归因，找到解决问题的办法，情绪、心境自然就会调整到常态。

（5）自我安慰法。自我安慰法，也就是通过自我辩解达到自我解脱。毕业生在遭遇挫折时，在个人用尽全力仍然无法改变结果，只能接受失败时，可以找一个自己可接受的理由，来为自己解脱，从而实现心理平衡。这种方法，就是鼓励毕业生要有“阿Q精神”，用自我安慰的方法，让自己能面对现实，接受失败，从而尽快走出心理困境。

（6）适度宣泄法。适度宣泄法，是指通过一定的行为或语言等方式，来减缓或释放心理压力。毕业生在心理压力过大时，为了实现心理减压，可以采取宣泄的方式，来排解不良情绪。

比较常见的方法有三种：一是倾诉，毕业生遇到挫折时，找自己的朋友、老师和家人倾诉苦闷，倾听者只要认真倾听并做出适当反应，就可以使毕业生的心理压力得到缓解；二是哭泣，毕业生在极度痛苦或过于悲痛时，痛痛快快哭上一场，会产生积极的心理反应，心理压力即可得到缓解；三是剧烈运动，毕业生心理不适，可以打篮球、长跑，直到筋疲力尽，心理也会得到放松。当然，宣泄必须适度，要注意场合、身份，不能对他人、自身及社会造成直接或间接的损害。

3. 生理适应

生理适应是指毕业生对工作时间和节奏、劳动强度和紧张程度的适应，其中包括身体各种感觉器官与运动器官的适应过程。环境的变化，主要表现为“时空”概念和生活、工作方式的变化。不同职业的工作节奏、劳动强度和工作压力是不一样的，比如说外科主治医师长时间在手术台边工作，对身体素质要求非常高；中小学教师工作节奏快，作息时间严格等。在从业初期，毕业生需打破原有的长期生活习惯，养成一种紧张、有序、守时的工作和生活习惯，难免出现身体疲倦的感觉，这种不适应是常有的。但是，随着时间的推移，注意劳逸结合，适当加强身体锻炼，讲究工作、生活规律，生理上的“不适应”便会很快消失。

4. 群体适应

群体适应是指毕业生在新的协作集体中的适应过程。社会群体是人们通过一定的社会关系结合起来进行共同活动的集体。大学生是以同学关系建立起来的社会群体，呈现出相对的单一性和不稳定性。毕业生到职业岗位后，加入新的“社会群体”，人员对象和人际关系发生了新的变化。交往对象扩展到有各种经历、各种年龄、各种层次的人，同领导和同事的交往与在大学阶段的老师、同学交往不同，这就需要毕业生注意协调好各种人际关系，以适应新群体的要求。

5. 知识适应

知识适应是大学生在工作中调整、完善自己的知识结构以适应职业岗位对其知识需要的过程。大学生在大学期间所构建的知识结构和能力结构，能否与职业岗位相适应，必须经过实践的检验。同时，大学生要把自己的知识和能力转化为生产力，还需要经过主观的努力。更重要的是，在知识经济时代，知识更新的速度越来越快，职业实践的发展和变化更加迫切地要求毕业生不断调整、完善自己的知识结构和能力结构，以适应科技进步和职业实践发展的需要。

职业适应从时间上讲，一般要经历摸索、调整、适应三个阶段。大学生对职业生活的方方面面都处在初步认知和摸索的阶段；大学生经过职业生活的锻炼，已逐步能边工作思考，边调整自己的思想、心态和能力，以尽快适应职业生活；大学生已经进入了职业角色，适应了职业生活。

当然，职业适应只能是相对的，而不是绝对的。因为，科学技术是不断进步与发展的，职业实践也是不断发展的，旧的问题解决了，新的问题又会涌现。因此，人们对职业生活就有一个不断适应的过程，即“调整—适应—再调整—再适应”，如此循环往复直至成功，这就是职业适应的一般规律。

（二）职业适应的基本要求

角色转换是一个艰苦而长期的过程，需要坚持不懈的努力。同时，在角色转换过程中需要注意以下几条原则。

1. 面对现实，正确认识自我，合理定位

大学毕业生走上社会，成为一个社会的真正从业者，开始职业生涯的探索，随之而来的是要面对全新的生活理念、陌生的工作环境、更高的规范要求，若不能在短时间内正视现实，将这些客观因素转化成自身文化素养，就很难被新环境、新群体所认同。当然，需要注意的是，大学生既不要陷入畏缩和自卑的误区，也不要陷入自负或自傲的误区。大学生要面对现实，重新定位，敢于实践，善于请教，才能把理论知识和实际工作有机地结合起来，最终赢得领导和同事的认可。

2. 热爱本职工作，培养职业兴趣

热爱本职工作，安心工作岗位是学生角色向职业角色转换的基础。刚刚走上工作岗位的大学生，应当尽快地从学生学习生活的模式中解脱出来，全身心地投入工作岗位中去。如果“身在曹营心在汉”，经过几个月甚至一年试用期还静不下心来，那么不仅对角色转换不利，而且会影响职业兴趣的培养和工作成绩的取得。敢于吃苦是角色转换的重要条件，大学生只有敢于吃苦，才能实事求是地分析和对待角色转换中遇到的种种困难，并自觉地加以克服。

3. 主动了解岗位环境，安心工作，敬业爱岗

对新单位的了解，包括对单位的历史、现状以及有关规章制度等的了解。作为一

个职场新人，要安心本职工作，如果不能静下心来工作，“这山望着那山高”是不利于个人的长远发展的。爱岗敬业是一种普遍的奉献精神，大学生要认真对待自己的岗位，牢记自己的岗位职责，勤奋工作。

4. 勤奋学习，虚心求教，提高工作能力

大学毕业生虽然具有比较扎实的基础知识和专业知识，但是自身的知识量不一定足够大，知识结构不一定合理。因此，大学生要根据职业的特点、性质、工作程序及其相互关系，不断学习新知识，增强自身素质和能力，提高工作技能和业务水平。随着科学的发展和技术的进步，新的知识和技能不断出现，许多知识和能力需要在工作实践中去学习、锻炼和提高。大学生要虚心向有经验的领导和同事学习，学习他们观察问题、分析问题和解决问题的方法，提高自己的专业技能，才能逐步具备独立开展工作的能力，最终达到自我完善。

5. 勇挑工作重担，善于团结协作，乐于无私奉献

大学毕业生走上工作岗位后，应当树立高度的主人翁意识，努力承担岗位责任，主动适应工作环境。大学生若是党员、团员，更要自觉严格要求自己，增强组织观念，在工作中勇于挑重担，发挥模范带头作用。同时也应该看到，社会的发展与进步离不开人们的密切协作。实践证明，一项工作的开展、一个项目的完成、一个过程的组织，单靠某个人的力量是不够的，必须十几个人、几十个人甚至成百上千人的共同劳动，互相配合，互相协作才能完成。这就要求每一个成员都要有互相协作的团队意识，从整体利益出发，个人服从集体，顾全大局。

6. 正视困难，不要轻言放弃

大学生初入职场，难免会遇到各种不顺心的事，要珍惜眼前的工作机会，努力克服各种困难，知难而进。要认真地、实事求是地分析自己遇到的困难。如果因为自己的眼光太高，那么就应当自觉地调整自己，热爱自己的职业，从点滴做起，踏踏实实地工作。如果因为自己能力不够，那么就虚心学习，不断提高自己的素质，单单抱怨是不能解决问题的。不要轻言放弃，即使重新选择职业后，也必定会遇到新的困难和挫折。

7. 以积极的心态面对就业

常言说，机遇总是垂青于有准备的人。在就业竞争中，每一个毕业生都渴望成功。要想在这场没有硝烟的战斗中坚持到最后，就必须从踏入大学校门开始，做好就业心理准备。

（1）归零的心态。在机会面前，不论以前是成功还是失败，是优秀生还是普通生，

大家都是从零开始。竞争是公平的也是公正的，任何人在它面前都要重新成长；常人、贵人来到都是一视同仁。一切归零的心态是要工作从头开始。

（2）一定要成功的心态。生存是动物的本能，要成功是人的本能。要成功的心态有三种：一种是试试看的心态；一种是被动而为的心态；还有一种是全力以赴一定要成功的心态。成功是某阶段的最高境界，从开始到成功，从低阶到高阶不是自然飞越的，是要付出努力的，抱着试试看的心态是根本不可能实现这个飞越的。被动而为是被动的心态，虽然也有付出、也在努力，但其付出和努力的程度不足以成功。只有全力以赴，一定要成功的心态，才是积极主动的心态。只有具备了这种心态，对待事业的态度才能是专注的、唯一的；在气势上才能是压倒一切的；在行动上才能是拼尽全力，不达目的决不停歇的，其结果才会是成功的。

（3）团队的心态。个人与个人之间的利益是一致的，是相辅相成的。每个人在自己成功的同时也是在帮助别人成功，别人在成功的同时也是在帮助每一个人。人与人之间的关系不是竞争，而是“竟合”。在这种“竟合”的效果下，个人和团队的利益也是完全一致的，团队是由个人组成的，个人是在团队的带动下成长的。每个人的成长都壮大了团队的建设，团队的壮大又促成了每个人的成功，团队和个人形成了良性的互动。事业，集个人、团队、公司、国家、社会、民族的利益为一体，是一个多方共赢的事业。这个事业本身决定了成功不是靠单打独斗，而是要靠团队力量。因此，必须识大体、顾大局、时时处处要具备团队的心态。

（4）专注的心态。小学语文课本上有一篇课文叫“学弈”。内容是：“弈秋，通国之善弈者也。使弈秋诲二人弈，其一人专心致志，惟弈秋之为听；一人虽听之，一心以为有鸿鹄将至，思援弓缴而射之。虽与之俱学，弗若之矣。为是其智弗若与？曰：非然也。”

同一个老师教授，同样的学习条件，为什么一个成功了，另一个却失败了？是他们的资质和才智有差别吗？不是的。那是什么原因呢？是他们的心态专注的程度不同。学习棋艺尚且如此，成就一番事业就更是如此。人的精力是有限的、只有把有限的精力高度集中在一点上才能形成巨大的穿透力，才能达到自己的目标。

（5）坚持的心态。世界上很多事情的成功都存在于再坚持一下的努力之中。所有的失败者都是败在“放弃”上。失败者和成功者的最终区别就是缺少了“再坚持一下”的努力。坚持就是胜利，这是所有成功人士的共同感受。

哥白尼研究著述《天体运行论》用了三十六年，马克思撰写《资本论》用了四十年，歌德写诗剧《浮士德》花费了六十年，《红楼梦》一书耗尽了曹雪芹毕生的心血……这样的例子举不胜举。放弃就是失败，坚持就能成功，这是成就事业的铁律，要想成功，就必须具备坚持的心态。

（6）如何修炼正确的心态。心态是人的心理由于各种信息刺激所做出反应的趋向，积极正确的心态不是先天固有的，而是后天修炼获得的，正所谓“人之初，性本善。性相近，习相远。”人刚出生到这个世上的时候都是一样的善良，本无品行好坏、素质高低、心态优劣之分，是后天的修炼造就了人们的不同。到底如何修炼正确的心态？孟子说：“天将降大任于斯人也，必先苦其心志，劳其筋骨……”。苦其心志就是利用各种方式，各种方法，用各种信息去激发去催生正确心态的诞生。如何修炼正确的心态，具体可以从以下几个方面着手。

①学习，知识就是力量。获得知识的唯一方法就是学习。只有学习才能明大势，只有学习才能知不足，只有学习才能求改变。要向社会学习，向书籍学习，向古今中外的先贤哲人学习，向一切优秀的人学习。通过学习不断地增强使命感、责任感和危机感，唤醒心中的动力。21世纪是一个光速、多变、危机的时代。生活中充满了挑战，为了生存挑战危机，是谁也无法回避的现实。要时刻牢记历史赋予的使命，时刻牢记所承担的社会责任，时刻警醒生活中到处充满着危机，用使命感、责任感、危机感不断鞭策自己，激励自己，改变自己，就能不断修炼成积极正确的心态。

②优化自己的生活空间，多和比自己优秀的人在一起。环境、氛围的影响至关重要。要修炼积极的心态，就要和比自己优秀的人在一起；远离那些愚昧、落后、心态消极的人，主动地去感触和接受优秀人物，使自己的心态受到积极的影响和感染。

③多读成功人士的传记和著作，多听成功人士的讲课。每个成功人士，他们走过的都是坎坷成功路，他们绘就的都是精彩拼搏图。多读哲人、伟人和科学家的传记、著作，用他们那些传奇的人生经历，永远奋进的精神，不断地激励自我，锤炼心灵。

④凡事主动出击，一切从今天开始。明天只是一种期待和希望，是一张无法兑现的空头支票。很多智慧超群的人，留在身后的仅仅是没有实现的明天的计划和半途而废的诱人方案。提炼正确心态不能推诿，不能拖延，要立即行动，从现在开始，从小事开始，从身边的一点一滴做起。有利于修炼正确心态的事，哪怕再小也要立即行动，马上去做。

⑤克服怯懦，增强自信。很多事情的失败不是因为困难而是因为怯懦。争取成功的过程还没开始，就因为怯懦的心态而放弃了努力。这样，再容易的事情也不可能做成。修炼正确的心态必须克服怯懦，充满自信。在任何情况下都要坚信：我能行！我

最棒！我一定能成功！

⑥远离无聊。无聊的本质就是消极、无奈、无意义，它使人意志消沉、无所事事，在不知不觉中走向消亡，是成功的腐蚀剂。修炼正确的心态就要远离无聊，不做无聊的事情，不说无聊的闲话，不交无聊的朋友。树立积极向上的心态，时刻把事业放在心上。

⑦驱除懒惰，百事勤奋。懒惰是人的一种本能，很多美好的事业都是因为懒惰而失败。勤奋是一种美德，很多艰难的事业因勤奋而成功。勤奋使人成功，懒惰使人失败。世界上有两种动物能登上金字塔顶，一个是雄鹰、另一个就是蜗牛。雄鹰凭借不懈的飞翔，蜗牛凭借坚韧的爬行。一个人的成功除了智慧和机遇等外部条件外，勤奋努力就是主要成因。只要勤奋，哪怕是资质平庸的蜗牛也能登上塔顶；如果懒惰，就是天资奇佳的雄鹰也不能登上塔顶。修炼心态，提升自我就要驱除懒惰，百事勤奋。人生并非只是一种无奈，而是可以由自身主观努力去把握和调控的，心态就是调控人生的控制塔。心态的不同导致人生的不同，而且这种不同会有天壤之别。心态是后天修炼的，大学生完全可以通过修炼心态来成就自己的事业，改变人生。

⑧正视现实。正视现实包括正视社会和正视自身两个方面。社会是客观的，既有利于自己的一面，也有不利于自己的一面。积极的心态是正视社会、适应社会；消极的心态是脱离社会、逃避社会。大学生应该一切从实际出发，处理好理想与现实的关系。正视自身就是对自己的思想表现、学习状况、个性心理特征等有一个比较客观的认识。只有对自己有了客观的认识，才有利于将主观愿望与客观实际结合起来。

⑨敢于竞争。大学生就业制度的改革，使竞争越来越激烈。只有敢于竞争，才能适应新的就业机制的要求。敢于竞争，就要从实际出发，发挥特长，依靠真才实学，准备经受挫折，做竞争的强者。

⑩不怕挫折。由于各种原因，大学生在求职择业时，或多或少地会遇到挫折。面对挫折，大学生应该保持健康的心理，采取冷静的态度，认真分析失败的原因，勇于战胜挫折，不要消极退缩。

⑪放眼未来。由于各种原因，一部分大学生的个人意愿难以完全实现。对此，大学生应有充分的估计和思想准备。要从长计议，放眼未来，从大处着眼，用发展的眼光看待问题。

总之，初入职场的大学生应积极调整心态、勇敢面对挫折，制订正确的职业生涯规划，尽快实现角色转变，融入到社会集体生活。人的一生，从求学到工作，从学艺到谋生，需经历无数次的角色转变，每一阶段的角色转变，其赋予的内容和要求是完全不同的，因此，必须有效适应每一次的人生转变，才能更好地经营自己的人生，才能最大化发挥个人的人生价值和全景化地实现自身的社会价值。以不变应万变的理论或许在知识爆炸、竞争与机遇共存的21世纪，取得最终的成功。

二、积极做好角色转换

学生告别校园，步入社会走上工作岗位，开始自己的职业生涯，这是人生历程的重大转折，是一个质的变化，被称为毕业生的“第二次诞生”。如何把握这一转折，顺利地完成由学生角色到职业角色的转换，尽快适应社会，适应新的工作，迈好走向成功的第一步，是摆在每一个大学毕业生面前的现实问题。

（一）角色认知

面对崭新的职业生活，没有了明确的课程安排，没有了教师的指导，取而代之的是全新的环境，陌生的面孔，生疏的工作，不仅要应对公司领导的任务要求，还要处理形形色色的职场人际关系，这些往往让不少毕业生感到困惑与彷徨。因此，尽快完成从学生角色到职业角色的转换，适应社会成为每位大学生必须面对的“毕业考试”。

1. 清晰就业后的社会角色转换

角色是指人的社会角色，是与人所处的特定社会地位和身份相联系的一系列行为规范和行为模式。在社会生活中，每个人都客观地承担着多种社会角色，每一种社会角色都有一套相应的社会规定。随着年龄的增长和社会环境的变化，每个人承担社会角色由少到多，内涵也由简单开始趋向复杂。就大学生而言，由学生角色到职业角色的转换是人生道路上的一次重大转折，在其一生经历中占有十分重要的位置。

尽可能缩短转变过程的时间，顺利完成转变，是适应职业环境的关键。大学生对学生角色的行为规范十分熟悉，但对社会职业人员的角色要求却比较陌生。两者相比较，显然有许多不同，总体而言，后者的要求更高，而不同之处主要表现在社会活动方式、社会责任、独立性要求等方面。因此，每一个即将就业的大学生，无论如何对待，必须对这种社会角色的转变有较清楚的了解和认识，以便在校期间有针对性地做好准备，只有经过这一过程，才能让自己成为一个完整的社会人。

2. 学生角色与社会角色的区别

社会是一个大舞台，每个人都有自己的角色位置，大学生走向社会，便是走向了社会的大舞台，并将出演一场经久不衰的人生之剧。学生角色是一个接受教育、储备知识、培养能力的重要阶段，也是人生中增长知识、发展智力、求学成才的关键阶段。学生角色可以界定为：在社会教育环境的保证下和家庭经济的资助下，学习知识，培养能力，全面提高自身素质，努力使自己成长为社会的合格人才。而职业角色虽然表现得非常个性和具体，但千差万别的职业角色却有其共性之处。例如，职业角色扮演者具有自己的社会职位和一定职权；相应的职业规范；一定的基础知识和业务能力；履行一定的义务；经济独立。因此，可以这样定义职业角色：在某一职位上，以特定的身份，依靠自身知识和能力并按照一定的规范具体地开展工作，在行使职权、履行义务为社会做出贡献的同时取得相应的报酬。综上所述，学生角色与社会角色的不同主要体现在以下四个方面。

（1）社会责任不同。学生角色的主要责任是努力汲取知识，德、智、体、美全面发展，接受教育，储备知识，锻炼能力；而社会角色是努力履行自己的职责，依靠自己的本领和技能去为人民服务。

（2）完成某个事项的过程不同。两种责任的履行所产生的结果是有区别的。学生角色责任履行得如何，主要关系到本人知识掌握的多少和能力培养的程度；而社会角色责任履行得如何，则影响很大，要求职业人能在社会中承担某部分工作，充分履行其社会责任。

（3）社会规范不同。学生角色规范多是从培养教育的角度出发，促使其以后能顺利成为合格的人才，如遵守学校规章制度，怎样做人；而社会角色规范既具体又严格，违背了就要承担一定的责任，甚至是法律责任。

（4）社会的权利不同。学生角色的权利是依法接受教育，并取得经济生活的保证和资助；而社会角色是依法行使职权，开展工作，履行义务并取得报酬。

3. 正确认识学校和社会的差异

工作既是人生奋斗的起点，又是大多数人生存的基点。工作不仅带给人们薪水，也是培养人们能力、特质的又一所“大学”，当然，要在这所“大学”成才其实并不容易。过惯了单纯、安静的学校生活，许多大学生会感到不适应，这主要有以下几个方面的原因。

（1）主观愿望与客观实际的矛盾。刚步入社会的大学生，满怀理想，一腔热血，准备到岗位上大展宏图，但一接触实际，尤其是接触到社会的一些消极面，如复杂的人际关系，陈旧的设备，落后的管理方式等，往往就会从理想的峰巅一下子跌入谷底。

（2）学生习惯行为与社会角色要求的矛盾。大学生进过常年的学习形成了自己的学习、生活和思维方式，一下子难以适应角色转换的要求，常常在扮演角色时自觉或不自觉地表现出学生角色的习惯行为，主要是缺乏社会角色应有的责任感。

（3）学校教育与社会现实的矛盾。在学校受到的是健康的、正面的教育，因此，大学生也都以理想的思维方式看待社会，看待人生，一旦置身于社会之中，对社会上的不良现象既看不惯，又无能为力，产生种种疑问，表现出对社会的不适应。

（4）社会需要与自我完善的矛盾。社会的发展需要知识面宽、动手能力强、有一定管理能力和组织能力、素质较高的人才。然而，大学生往往发现自己远不能达到这方面的要求，自己的知识面窄，知识结构不完善，思维死板，理论与实际脱节，很难适应工作。

案例分享

从学生到职业人

有一个医学院的校花，长期担任班长、团支部书记，学习成绩优秀。毕业后被分配到市重点医院做内科医生，受到领导的关注、同事的青睐，上门求医的患者更是对她毕恭毕敬。然而，这位美女医生却厌烦了在诊室的工作。看到医药代表工作时间自由，工作方法灵活，挣钱更多，她就决定下海。当了一周医药代表后，她回到医药公司办公室，伏桌哭泣。经理关切地问："怎么了？"她非常委屈地说："那些药剂科的人，他们，他们，他们竟然……"经理开始担心，着急地问："他们怎么样了？是不是欺负你了？"美女泪流满面，非常痛心地说："他们竟然不理我！"经理舒了一口气，想引导她战胜困难："他们不理你，你打算怎么办？"美女坚定地说："他们不理我，我就再也不理他们！"经理心里凉了：你再不理他们了，可这药谁卖呢？"要不你还是别难为自己了，回到医院当医生吧！"美女号啕大哭，经理吓了一跳，关切地问："还有谁惹你生气了？"美女凤目圆睁："你！"经理不解："我劝你别干了，是为你好呀。"美女愤怒地说："要是不干，也得我先说！凭什么你先说出来？"经理连忙说："好、好，我收回刚才的话，请你先说。"美女大声说："我不干了，我立刻辞职！"经理点头表示同意。

美女医生没有意识到，自己集喜欢、怜爱、恭维于一身，是因为自己是父母疼爱的女儿、是社会重视的大学生、是常人喜欢的漂亮女人、是患者求助的医生，而从医生到药品推销员，是职业上的转变，从人求于我到我求于人，从坐在屋里等客户到登门拜访客户，工作性质完全不同，最需要提升的是情绪智力和商务谈判技能。这位学生参加工作以及职业改变之后，心灵并没有成长，还是一个小孩子的心态，只会抱怨别人、抱怨环境。如果不及时调整心态，将会在职业上受到更大挫折。

（资料来源：张同胜，何嘉，杨洪林．职业生涯与发展规划［M］. 长春：吉林人民出版社，2019.）

（二）角色转换的意义

根据社会心理学的角色理论，大学毕业生从学生角色到职业角色的转变，必然伴随着角色冲突、角色学习和角色协调等一系列过程。因此，大学生在毕业前夕，应该对择业素质、自我评价、职业能力等进行深入细致的了解和调查分析，对自身合理定位，找出不足，提高心理承受能力，加强角色认知，做好上岗前的各项准备，顺利地实现角色转换。

1. 角色转换有利于大学生根据职业素质要求完善自身知识结构，确立择业目标

学生进入大学后，学习的主动性和目标性减弱，容易忽略职业生涯设计与规划。大部分学生在临近择业时，奔波于多个企业之间求职，寻求理想的就业单位，过多注重择业的结果，而忽视平时的就业准备。通过角色认知，有助于大学生强化“学业是择业的基础和前提”的意识，帮助学生提高竞争的“实力”。因此，在学校里可以指导大学生勤奋学习，全面提高自身综合素质，注重各种能力的培养和提高。如今，校园中出现的“考驾照热”“计算机热”“辅修课热”“英语考级热”等，都是大学生为适应角色转换、实现人生理想所作出的积极努力。

2. 角色转换有利于帮助大学生尽快适应职业生活

完成大学学业，走上工作岗位，依靠自身的职业劳动维持生存，实现人生价值，这是大学毕业生人生征途上的一个重大转折。在这个人生转折过程中，谁能够尽快地、主动地从学生角色进入职业角色，实现角色转换，谁就能够在事业之初掌握优先发展权。目前，大学毕业生最后一个学期都要开展毕业实习。毕业生要合理规划，争取在实习阶段尽快进入职业适应期，提前完成角色转换。

3. 角色转换有利于大学生在激烈的人才竞争中脱颖而出

21 世纪的竞争是科技的竞争、人才的竞争，谁拥有高新科技和高级人才谁就将在激烈的竞争中立于不败之地。大学毕业生作为高校培养的高级人才，是用人单位争夺的焦点，但作为高等教育大众化阶段的毕业生同样面临着相互之间的竞争。竞争是无情的，适者生存、优胜劣汰是不以人的意志为转移的客观规律。初次就业必然面临着来自各方面的挑战和竞争，只有尽快进入职业角色，熟悉业务，才能在激烈的人才竞争中稳操胜券，脱颖而出。

4. 角色转换可以为大学生将来的成才和创业夯实基础

从学生角色到职业角色的转变，实质上是从继承知识和储备知识向创造性地运用知识和创造知识的转变过程。一个企业发展的关键在于技术创新，而人才的本质特征

就是创造性或创新性。能否主动、快速、顺利地实现角色转换，通过创新性劳动创造最大的经济效益和社会效益，反映了毕业生素质和能力的高低。大学生应以积极的态度，主动适应岗位需要，投身于职业实践之中，不断积累知识和经验，调整和完善自身的知识和能力结构，为自己将来成才和创业打下扎实的基础。

总而言之，在踏上工作岗位后，每个人都是这个社会机器的一颗“螺丝钉”，应学会尽快适应这个新的身份，使自己成为一名真正的职业人。

（三）角色转换的内容

1. 从宏大的“人生理想”向现实的“职业理想”转换

第一份工作对大学生的冲击是巨大的，在就业压力大，选择余地小的现实面前容易失去目标，失去动力，只感到实现目标是遥遥无期的事情，因此，他们会情绪低落。

当务之急是把理想转化为职业目标，并制定出切实可行的方式方法，去实现职业目标，搭起一座桥梁，让自己从理想走入现实。实现职业目标有许多途径，要结合自己的综合因素去选择一条最适合自己的途径，更快地实现职业目标，从而最终实现职业理想。从实现职业理想的角度看，所做的工作一定要与职业目标有密切的相关性，否则，所做的工作将不会对职业理想产生支持，职业理想就会再次成为空想。

2. 从青苹果“学校人”到成熟“职业人”的转换

同样的实习经历，可以出现不同的结局，关键是自己的路该怎么走。首先要认识到究竟要在实习过程中获得什么，怎么才能把握实习机会为自己求职增加砝码。实习时一定要摆平心态，不要让一颗浮躁的心在最简单的工作上产生差错。

从学生转变成职场人的第一步，应是了解企业文化、业务流程、公司制度、仪态仪表、待人接物、为人处世等多个方面的内容，尤其是企业需要的是什么人员，什么职位应该具备什么样的素质，如何能够更好地发挥自己的潜力。职场新人的工作内容以日常性的事务居多，而专业性的工作一般要经过企业的再培训之后才去做。职业人最需要的就是敬业精神，要保持沉稳的心态，因为这是做好任何一份工作的关键。

要学习企业中那些卓越人才必备的八大基本素质：创新能力、学习能力、自信自立、自检自律、积极乐观、执着追求、责任感、合作开放。

3. 从“单纯”的处理问题方式向“复杂”的人际关系转换

工作面临的是崭新的生活方式、陌生的社会环境、复杂的人际关系，这些都让大学生感到不习惯，没有耐心去思考一些细节上的问题，因此，难以适应、四处碰壁。

在做人方面，首先要揭掉自我标签，低调做人。现代大学生的特点是张扬个性，彰显自我风格，追求与众不同，这种风气与氛围培养了不少“特别”的大学生。但工作岗位不是上演个人秀的舞台，因此，刚刚迈上工作岗位的大学生一定要注意自我形象问题，做事要低调，少出头，少说多看，尽快熟悉人际关系，融入环境。锐气藏于胸，和气浮于脸，才气见于事，义气施于人。对上司先尊重后磨合、对同事多理解多支持、对朋友善交际勤联络，复杂的人际关系是社会构成的一部分。融入环境的手段之一是要学习基本的礼仪知识。职场礼仪是构成形象的一个更广泛的概念，包括语言、表情、行为、环境、习惯等，相信没有人愿意因为自己在社交场合上，因为失礼而成为众人关注的焦点，并因此给人们留下不良的印象。职场有职场的规则，单纯的讲礼貌是不够的。身处其中，一言一行、一举一动都要符合职场规范。

4. 从系统的“理论学习”向多方位的“实际应用”转换

学校里学习的都是系统的理论，一科连接一科，科科有现成的教科书，有教授讲解，有助教辅导。到了工作岗位，实际动手能力主要靠培养、练习，而且实际应用是多角度、全方位的。

在应届毕业生进入公司时，企业都会对职场新人进行新员工入职培训，要多学多看，多虚心请教，才能积累工作经验。以谦逊的态度去向别人请教，会发现别人身上有很多值得自己学习的地方，自己身上也有值得别人学习的优点。虚心求教，既能让自己进步，又能建立良好的人际关系，让自己很快融入集体中去。

5. 从“散漫”的校园生活向“紧张”的工作模式转换

悠闲的校园生活方式被紧张的职场打拼所代替，使这些处于在家里备受呵护的毕业生进入“断乳期”，像是在娇惯下自由淘气的孩子，一下子被送到幼儿园，受到纪律、时间的约束，感到浑身不自在，甚至迟到、请假都会成为家常便饭。

每当新生力量进入单位，都会带来新的气息，同时也会带来一些新的问题。对于大多数刚刚走上工作岗位的毕业生来说，除了工作能力之外，还要有实干精神、懂得人际沟通。不但要完成好属于自己的每一项工作，还要做自己不愿做的事情。能否做好那些自己不愿意做的事情是一个人是否成熟的标志，也是一个人能否取得人生成功的主要因素。要做好自己不愿做的事，就要学会妥协，向职场妥协、向现实妥协。

6. 从“浮躁”的心态向逐步“理性化”转换

转型需要时间，与企业的磨合需要时间，积累经验也需要时间，具备竞争力同样需要时间。要给大学生融入职场的时间，哪怕时间很短，也必须经历这个过渡。企业会给实习生时间和机会，但实习生不能以此为借口，要积极努力，从浮躁的心态中走出来，尽快进入符合企业要求的状态，这是理性化的成熟表现。

企业看重应届大学生，主要是看到了隐藏在这些年轻人身上的“发展基因”。实习是大学生走向社会的阶梯，不管什么用人单位都需要一个谦虚谨慎、好学上进、勤奋刻苦，把远大志向落到实处，能够树立责任感，执着追求事业的员工。

7. 从家长呵护向自我保护转换

许多大学生在进入工作岗位时，往往对就业的相关期限、实习权益一知半解。原来依赖家长，现在需要自立，自己判断、自己选择。如果选择去一家根本不了解的公司，就成为一种冒险，不要轻易决定第一份工作。一般来说，第一份工作会使大学生对职场产生一种固定印象，形成固定心理状态，从而影响到今后的职业心态和职业规划。因此，走好职场的第一步，能够使大学生更好地为企业及社会服务，更大地发挥自己的潜力，若只是为了在毕业前找到一份工作，或迫于其他同学签约带来的压力而草率接受一份自己并不满意的工作，都是不可行的。

在毕业以前，大学生作为在校生，无法享受《中华人民共和国劳动法》的保护，可一旦毕业，就要懂得维护自己的权益，以防一些不法公司将自己作为廉价劳动力使用。学会在社会上独立地站立，学会保护自己。面对人生的种种挫折，学会应对，学会维权。

（四）角色转换过程中容易出现的问题

大学生从学生角色向职业角色转换的过程中，往往会面临新旧角色的冲突。有些人由于受到社会因素、家庭因素，尤其是自身认知能力、人格心理发展、意志品质以及情绪情感等因素的影响，不能正确认识角色转换的实质，或者在角色转换中不能持之以恒，于是在从学生角色到职业角色的转换过程中容易出现以下问题。

1. 对学生角色的依恋

一些毕业生在角色转换过程中容易依恋学生角色，出现怀旧心理。经过十余年的读书生涯，每一位学生在学习、生活和思维方式上都养成了一种相对固定的习惯。因此，在职业生涯开始之初，许多人常常会自觉或者不自觉地把自己置身于学生角色之中，以学生角色的社会义务和社会规范来要求自己、对待工作，以学生角色的习惯方式来待人接物，来观察和分析事物。

2. 对职业角色的畏惧

面对新环境，一些大学生在刚走进新的工作环境时，不知道工作应该从何入手，如何应对工作，怕担责任，怕闹笑话，怕造成不良影响，于是工作上就放不开手脚，前怕狼后怕虎，缺乏年轻人的朝气和锐气。

3. 主观思想上自傲

有一些毕业生对人才的理解不够全面和准确，认为自己接受了比较系统正规的高等教育，拿到了学历，学到了知识，已经是比较高层次的人才了。因而往往看不起基层工作和基层工作人员，甚至认为一个堂堂的大学毕业生干一些琐碎的不起眼的工作是大材小用，有失身份，于是就轻视实践，眼高手低。

4. 客观作风上的浮躁

一些人在角色转换的过程中受社会环境的影响，表现出不踏实的浮躁作风和不稳定的情绪情感。一阵子想干这项工作，一阵子又想干那项工作，不能深入工作内部了解工作性质、工作职责以及工作技巧。一些学生就职很长时间后还不能稳定情绪，进入职业角色，反而认为单位有问题，没有适合自己的职位。事实上，如果不能静下心来踏踏实实地学习，适应工作，不管什么样的单位都不会适应。

（五）角色转换时要正确处理的几个关系

大学毕业生进入社会以后，原先在学校里单调枯燥的学习生活方式，被五光十色的社会生活所代替。生活的节奏感要比学生时代快很多，为尽快适应新环境、新生活，大学生应处理好以下几个关系。

1. 要处理好工作与休息的关系

对于大学毕业生来说，走上工作岗位以后遇到的第一个问题，便是如何尽快适应新的环境问题。在大学，“宿舍—教室—食堂”三点一线的周而复始的生活方式，已不再适应千变万化的社会生活。为了适应这个变化，就需要大学毕业生调整原来的一些生活习性，培养良好的生活习惯。如果因循守旧，就很难适应新的生活，甚至会寝食不安，萎靡不振，也就不能以充沛的精力投入工作。

2. 要学会分清轻重缓急

在繁杂的工作与生活中，大学生要学会分清轻重缓急，特别是在刚走上工作岗位的适应期阶段，不要急功近利。许多毕业生满怀热情，刚到工作岗位以后便想做出一番惊天动地的业绩来。无疑，这种愿望是非常好的，但是，由于许多因素的制约，特别是刚到一个新单位，大学生对一些情况还不了解，结果常常是事与愿违，严重挫伤自尊心与自信心，对以后的成长不利。

3. 要学会合理安排业余时间

走上工作岗位以后，随着对工作任务、范围的逐渐熟悉，工作量的相对稳定，业余时间也会显得较为充足。合理安排好业余时间，对于一个人的成长成熟是非常重要的，因为业余时间的合理利用对于毕业后的再学习、增长知识、增强修养、提高工作能力和应变能力具有重要意义。在业余时间里，除进行再学习的项目外，大学生还要注意培养自己健康的兴趣爱好，积极参加一些体育锻炼和文娱活动，以充沛的精力投入工作。

三、树立良好的第一印象

毕业生新到一个工作单位，往往是同事关注的焦点，因为其他人对新同事缺乏足够的了解，即使是已经接触过的人事部门和个别领导，对新人的了解和认识多半也是浅层次的。因此，同事试图通过观察、接触，更多地了解、认识新来者。在大多数情况下，同事不会直截了当地询问打听，一切都有赖于毕业生的自我表现。通常，凭着丰富的社会阅历和敏锐的洞察力，领导和同事通过一定的接触，甚至仅仅是旁观，就会形成先入为主、拂之不去的“第一印象”。

（一）第一印象的作用

人对他人的认识，是一个以主观为主体的认识过程。某种客观事物最初作用于人的感官，就会刺激人的大脑做出反应，在人的大脑中留下关于这个刺激的痕迹或信息。虽然只是有限的、表面的，但人的思维会把这些不完全的信息贯穿起来，从而把对象认识为一个统一的整体，形成一个关于此人的知识水平、文化素养、性格爱好、心理素质等的总体印象。这个印象就是“第一印象”。心理学研究表明，第一印象在人与人相互认识和交往过程中的作用是十分重要的，主要表现在以下两个方面。

一是光环作用（亦称晕轮效应）。人们在交往过程中，有时只看到一个人某一方面的特点比较突出，从而掩盖了其他特点和本质。第一印象容易产生“晕轮效应”，因此，要充分重视第一印象，为以后顺利地开展工作创造条件。

二是定式作用（亦称定式效应）。第一印象如何，会对以后的发展形成一个固定的趋势，别人可以据此来决定以后对自己的态度。由于第一印象是直接输入、直接处理外界信息的过程，具有很大的感性成分和非理性成分，因此，职场新人需要从步入职场开始，就努力树立好第一印象。

（二）如何树立良好的第一印象

刚刚踏上工作岗位的大学毕业生，要想树立良好的第一印象，自身良好的道德品质和文化素养是前提和基础，除此之外，还要注意运用一些实用性技巧，这些技巧有的看似属于细节性问题，但必不可少。

1. 服饰整洁，注重仪表

人们都会比较关注新来的同事，所以大学毕业生一定要注意衣着整洁、大方，并与自己的身份相符、与单位的一贯风格相协调。服装不一定要很高档，但一定要保持整洁，而且不能过于怪异。一般来说，着装应考虑工作性质和环境的不同，女性衣着不要过于华丽或浓妆艳抹，以干练、庄重为好；男性应注意定期理发刮须，不宜蓬头垢面，着装一般应以整洁、朴实为好。

2. 举止得体，言谈亲切

初到工作单位，一个人的言谈举止极为重要。对于大学生来说，“骄傲”“自卑”“拘束”“较真”都是刚上班时容易犯的错误，所以一定要注意举止文明、彬彬有礼、落落大方、言谈亲切。到了单位后要礼貌地向同事做简要的自我介绍，然后态度真诚地请教有关工作方面的问题，注意细心观察，不要冒失莽撞地大发议论。

3. 虚心好学，不耻下问

新到一个单位，能不能给周围的同事留下良好的第一印象，还得看是否能够虚心好学。虽然是大学毕业生，掌握了不少基础理论和专业知识，比单位里的一些同事学历也要高，但走上工作岗位，必须树立“从零开始”的思想，从一点一滴做起、从小事干起，不能眼高手低、好高骛远；要虚心向有经验的同事学习，向周围有经验的师傅、技术人员和工人学习，因为他们在实践中积累了许多经验，这些都是大学生在课本上学不到的。

4. 遵章守纪，诚实守信

遵守单位的规章制度和纪律、遵守时间、讲求信用，这既是工作中的要求，又是人际交往中的一种美德，同时也是每个职场人必须具备的基本条件。初到工作单位，要严格遵守单位的规章制度，积极主动地做好自己力所能及的工作，切忌在工作时间懒散、闲谈、长时间电话聊天、上网玩游戏、干私活。在与人交往中，一定要诚实、守信、不失约、不失信。如果没有时间观念、大大咧咧、不遵守纪律，懒散懈怠消极被动地对待工作，便不可能赢得别人的信赖和尊敬。

尽管第一印象具有暂时性、表面性等特征，但是良好的第一印象有助于大学生与单位的同事融为一体，有助于职业生涯的起步与发展。建立良好的第一印象不是最终目的，只是第一步，还需要坚持不懈地努力下去，以良好的品质、正直的为人、出色的工作去建立更深层次的长期印象。

四、处理好人际关系

人际关系是人们在交往中心理上的直接关系或距离，反映了个人寻求满足其社会需求的心理状态，是人与人之间，在一段过程中，彼此借由思想、感情、行为所表现出的吸引、排斥、合作、竞争、领导、服从等互动关系。处理好人际关系对走入职场的大学生做好工作有着十分重要的作用，处理好人际关系的常见技巧有以下几种。

（一）让人喜欢自己

人类存在的最强烈的愿望就是能受到别人的喜爱。许多成功者受人喜爱的特质之一是他们有一种鼓励他人向上的力量，包括对别人积极、肯定的态度，这会为别人带来勇气、希望和力量。这正是每个人非常渴望而又缺乏的。怎样让别人喜欢你？一般来说，有以下一些方法。

1. 把注意力从自己身上移开

要建立良好的人际关系，第一步是把注意力从自己身上移开。不要总好为人师，自我吹嘘。同时，有的人交友是为了打别人的主意，让别人为自己办事，而自己则一毛不拔，这种人际关系不会持久。

2. 真诚地关心别人

“人们知道自己是否关心他们之后，才会在乎自己是否了解他们。”无论有什么本领、特长，受教育程度有多高，都不如真心实意地关心别人更能给人留下深刻的印象。

3. 不要低估任何人的价值

许多人都盼望自己有很大的影响力，但又不懂得影响力是如何产生的。如果经常忽视自己日常接触的人，就会失去许多影响别人的好机会。以积极期待的态度会见每一个人，预期每一次沟通都能产生积极的结果。把每个人都当作重要人物看待，这样就绝对不会低估任何人。

4. 说话要调动别人的兴趣

人们尝试与人建立关系时，最常见的错误之一是只想引起别人对自己的兴趣，而忽视对方的兴趣。要与别人建立关系，最佳方法是把注意力集中在对方的兴趣上面。

5. 请别人提建议或给予帮助

人们都希望有机会展示自己的专长，喜欢那种用自己的力量或权威帮助别人而产生的感觉。美国科学家富兰克林在自传中曾讲这样一件事。1736 年，他拟竞选州议会书记员。富兰克林心中有数，坚信自己会获得提名，唯一的顾忌是有个影响力很大的人反对他。富兰克林为了争取跟这个人交朋友，心生一计，主动给他写信："我听说您的书房里有一本珍贵的书，十分想看，能否帮个忙，把书借给我看几天？"那人对这一要求感到很高兴，欣然把那本书借给了富兰克林，后来这个人成了富兰克林的坚定支持者。请求别人帮助是建立良好关系的开端，但要注意不能只索取而不付出。

6. 要考虑到别人的感情

人是感情动物，在与他人交往中讲感情比讲理性更容易获得成功。如果能够看出别人的感情，然后以尊重的态度为别人考虑，别人也会喜欢自己。

7. 留心为别人服务

为别人服务，是建立良好人际关系的有利条件，人们会很自然地亲近帮助过自己的人。如果自己随时留心为别人服务，不但人生会更加充实，还能跟许多人建立良好的关系。

8. 别忘了给朋友"捎点东西"

最好的关系是双方时常能从对方那里获得收益的关系。如果希望使关系有建设性，在去见朋友时不要忘了给朋友"捎点东西"，不单是某些小礼品，更多的是指见解、业务机会、有助于个人发展及鼓舞士气的资料和信息。

9. 说话言而有信

没有什么比失信会对友谊产生更迅速、更严重的破坏作用了，如果一个人言行不一，就会失信于人。

10. 承认对方的重要性

实际上，每个人都有自己的优点，都有值得他人学习的长处。承认对方的重要性，并表达由衷的赞美，就能化解许多冲突和矛盾。称赞和尊重别人，会使他们觉得自己很受重视，对这个人能起到意想不到的作用。

11. 避免争论

互相讨论问题是有益的，但争论绝对没有好处。讨论和争论有什么区别？争论是试图强行改变别人的观点，其结果总是一方"赢"了，一方"输"了。讨论是交流思想，目的在于找出对每一方都公平的解决办法，讨论能创造一个双赢的局面。在与他人的交流中要先听取对方的意见，对分歧抱欢迎态度，不要轻易做出为自己辩护的第一反应，要先想一想，再仔细研究对方的观点，寻求共同点。

12. 记住别人的名字

记住对方的名字，并把它叫出来，然后给予对方一个很巧妙的赞美。历史上最好的例子是拿破仑·波拿巴与他下属的关系。拿破仑叫得出手下全部军官的名字。他喜欢在军营中走动，遇见某个军官时，就叫其名字打招呼，谈论这名军官参与过的某场战斗或军事调动。他不失时机地询问士兵的家乡、妻子和家庭情况。这样做使下属大吃一惊，他们的皇帝竟然对他们的个人情况知道得一清二楚。每个军官都从拿破仑的话和所提问题中感到拿破仑对自己的兴趣，这就不难理解他们为什么对拿破仑那么忠心耿耿了。

（二）学会主动

人际交往的影响因素除了个人素质及相似性因素以外，还与人的主动性有关。换句话说，积极主动是建立良好人际关系的主要成功因素。谁是人际关系中主动的一方，谁就实际上承担起了主动的领导角色。

人际关系的主动，首先，是情感表达的主动。情绪的协调是建立人际关系的基础，人际关系的好坏与情感协调能力有很大的关系。如果善于顺应他人的情绪或使别人顺应自己的步调，人际互动必然会较为顺畅。成功的领导者或表演者总是能够使千万人随着他的情绪共舞。不善于传递或接收情绪信息的人，在人际互动上会停滞难行，因为别人与其相处感觉不自在，虽然他们可能说不出任何理由。

其次，是交往频繁主动。一般来说，人们彼此之间交往的频率越高，越容易形成较密切的关系。因为交往次数越多，接触机会越多，相互之间就越容易有共同的话题和感受，能真正了解和理解，尤其在相处初期，交往频率对建立人际关系具有特别重要的作用。因此，相互之间是否保持联系，是否有着广泛的接触，直接影响人际关系的质量。同时，它也说明要想建立一种广泛良好的人际关系，必须争取主动、广泛地接触和交往。

再次，是主动的互惠酬赏。互惠酬赏是争取交往主动的重要动因，不仅指物质追求，也包括精神上的期望，如交往中希望得到别人的赞成、尊重、信任、同情、安慰、关心、鼓励、表彰、怀念；自己对别人有所期待，希望对方能做出成绩，为组织争得荣誉；力求实现个人的抱负、信念、理想、利他的愿望，避免使别人失望和受到“良心”的谴责等。一般来说，如果人们预示出行为可能得到报偿的倾向，即表现出吸引力，那么得到报偿的概率就会越大，收益与付出之比的比值就会越大，就越容易建立密切的关系。

互惠互酬关系表现在人的一切交往活动中。最主要的表现形式有四种：一是人格互尊；二是目标互促；三是困境互助；四是过失原谅。为了实现上述目标，在人际交往中每个人都要争取主动些，甚至再主动些。

（三）学会理解

理解是人际关系的核心。多数人际冲突的产生，都是由于人们彼此过分强调自己的立场而不能从对方的角度来理解问题的缘故。人们各抒己见，互不宽容，产生了种种冲突和矛盾。

一个人要想成就一番事业，必须学会理解别人，学会做出让步，学会宽容别人的过去。能理解别人，才能换得别人对自己的理解。不能理解别人、苛刻待人的人是很难找到事业上的合作伙伴，也不会在患难时得到别人的帮助。因此，难以成就一番事业。理解至少有以下好处。

首先，理解会给自己塑造一个良好的社会形象。自私、心胸狭窄的人是不善于理解别人的，他们的一些想法都是从自身利益出发。久而久之，他们的形象就会越来越黯淡，名声受到影响，很难得到别人的帮助。而天性宽厚善良的人能够体谅别人，宽厚待人，会受到越来越多的好评，树立起良好的社会形象，从而赢得朋友，赢得机会，使自己的事业不断升级。著名京剧表演艺术家梅兰芳先生宽厚的性格就为他带来白玉无瑕的名声。抗战胜利后，在上海的一家小报的广告栏中出现了“艺人梅兰芳卖画”的字样，显然是有人在冒梅兰芳之名赚钱。对这种恶劣的行为，梅兰芳的朋友们都十分气愤，纷纷准备去那家小报兴师问罪，并准备找出那个冒名者狠狠教训一通。而梅兰芳却劝阻他们。他对朋友们说，这个冒名者想赚钱不假，但通过卖画来赚钱，想必也是有点真本事的，估计也是个读书人，只不过命运不济罢了。梅兰芳嘱咐他的朋友们先从侧面了解一下冒名者的来龙去脉，再决定下一步怎么办。经过了解，那人的情况果然同梅兰芳预料的一样，那人得知了梅兰芳先生的宽容，从此洗手不干了。

其次，理解会使自己获得忠诚和友谊。理解显示的是一种胸怀、一种善意，而胸怀宽广、善待他人的人总能得到别人的喜爱，人们都愿意接近和结交这种人，愿意与之共事。善于理解别人，会使自己获得下属的忠诚、同事的合作和共事者的友谊。

（四）学会沟通

沟通是一个人凭借一定的渠道和手段，将信息发送给对方（接收者），并寻求反馈，以达到互相理解的过程。有效沟通并不完全是指沟通双方达成一致意见，而是准确地理解信息的含义。沟通是一个双向互动的反馈与理解过程。

沟通是建立在语言基础上的，主要有两种形式：一是口头沟通，常见的形式有听话、说话、交谈和演讲；二是书面沟通，主要包括阅读和写作等一切传递、接收书面文字或符号的手段。沟通的主要原则有以下八点。

1. 了解自己的感受，明白沟通的目的是什么。

2. 了解他人的感受，不要自以为是。

3. 沟通要自愿，不要强迫，但也不要轻易放弃。

4. 沟通要替他人着想，不要粉饰自己。

5. 沟通要平和，不要争论谁是谁非。

6. 沟通要真诚，要学会认真聆听。

7. 沟通要情理并重，以情为先，以理为据。

8. 沟通是理解，是期待，是协调。

与人交往的过程中，沟通同时也是一门艺术，包括听的艺术、问的艺术和表达的艺术。

听的艺术重在倾听，听出门道；要有礼貌地听，等待交谈机会；要宽容地听，不要挑剔的听；要控制自我表现，不要偏听偏信。

问的艺术主要是变封闭式问话为开放式问话。有一则兄弟俩开粥棚的故事，其中哥哥的店每天收入只有 100 多元，弟弟的店每天收入 200 多元。问其究竟，原来是哥哥的店在征询顾客意见时，问的是“要不要加熟鸡蛋？”，一般回答则是“不要”；而弟弟的店则是问顾客“要一个鸡蛋还是两个鸡蛋”，顾客很可能回答“要一个”。弟弟的店多出 100 多元收入，就是卖鸡蛋的钱。除此之外，还要学习变直接问话为间接问话，先问什么，后问什么。一则故事讲的是从前有两个年轻的基督徒，第一个问牧师：“我能不能边做祈祷边抽支烟？”牧师大为不满：“祈祷怎么能抽烟呢？不行！”第二个教徒也来问牧师：“我能不能边抽烟边祈祷？”牧师心想，这个年轻人真虔诚，那就边抽烟边祈祷吧！两个教徒目的一样，由于说法前后顺序不同，效果就不一样。

表达的艺术要求口头语言亲切、准确、清晰；书面语言要简明、流畅，有一定的逻辑性；形体语言主要用目光、表情、手势传达。

（五）学会倾听

倾听是沟通的重要组成部分，也是人际关系中较为重要的方面。曾有人诙谐地提出一个问题：“为什么人长着两只耳朵，却只有一张嘴？”言外之意，就是要学会倾听。有的人认为要想表现自己的聪明，就应把自己所知道的都说出来，让别人知道自己懂得多，思考问题深入。这样的念头在多数情况下会造成别人对他的反感，甚至激起双方的矛盾和冲突，不仅不聪明，反而显得愚蠢和笨拙。如果想听别人的想法了解别人的内心，就要鼓励别人说话，做一个好的倾听者。

因此，越是聪明的人，越不会说得过多。相反，他往往是一个好的倾听者，仔细听别人说的每一句话，每种语气，每个用词，而且还能让最不愿意表达自己想法的人在他的面前也变得健谈，于是，聪明的人就能从别人的谈话中获取自己需要的信息。更好地倾听可以参考以下做法。

1. 要表现出诚意

倾听别人谈话是会浪费时间和精力的，如果真的有事不能倾听，那么可以直接提出来，比勉强去听和半路开小差给人的感觉要好得多。听就要真心真意地听，对自己和他人都是很有好处的。安排好自己的时间后去听他人谈话是一件很值得做的事情。

2. 要有耐心

耐心主要体现在两个方面：一是别人的谈话在通常情况下都是与心情有关的，可能比较零散甚至混乱，观点不是那么突出或逻辑性不太强，要鼓励对方把话说完，自然就能听懂其全部的意思了，否则，自以为是地去理解，去发表意见，会产生更加不好的效果；二是别人的一些观点和看法有可能是自己无法接受的，甚至有可能伤害到自己的某些感情，即使不同意别人的观点，也应试着去理解别人的心情和情绪，一定要耐心地把话听完，才能达到倾听的目的。

3. 要避免倾听时的不良习惯

开小差、随意打断别人谈话、借机把谈话主题引到自己的事情上、一心二用、任意加入别人的观点做评论和表态等，都是很不尊重对方的表现，比不听别人谈话产生的效果更恶劣，一定要避免。

4. 适时进行鼓励和表示理解

谈话者往往都希望自己的经历得到理解和支持。因此，在谈话中加入一些简短的语言，如“对的”“是这样”“你说得对”等或点头微笑表示理解，都能鼓励谈话者继续说下去，并引起共鸣。当然，谈话者要以安静聆听为主，要面向说话者，用眼睛与谈话人的眼睛进行沟通，或者用手势来回应谈话者的肢体辅助语言。

5. 适时做出反馈

适时做出反馈，包括希望其重复刚才的意见，或转述自己理解的意见等。

珍惜你的每份工作

五、心理异常与调节

（一）常见的心理问题

1. 盲目求高心理

部分大学生认为自己在择业中具备种种优势：学习成绩优秀、政治条件好、专业需求旺、求职门路广，因而盲目自信，产生得意、焦虑、傲慢、浮躁等心理，择业胃口吊得很高，在面试中流露出一副咄咄逼人、非我莫属的模样。殊不知，对于急功近利、扬扬得意的人，面试官往往很反感，而自己的优势是用人单位所不需要的，用人单位需要的工作经验等要求又不具备，到头来会由于对自己的优势估计过高，对自己的劣势估计不足而在择业中受挫，从而大有生不逢时的感觉，心态一落千丈。

2. 避免自卑心理

自卑心理产生的原因很多，有生理的、环境的、家庭的、社会的等原因，但主要还是自己的主观因素造成的。有的同学顺利毕业了，通过自己的努力，也确实具备了一定的实力和优势，但面对激烈的竞争，也许是自己梦寐以求的企业没有回音，也许是发了无数份简历都没有下文，就开始觉得自己不行，总是不如别人。从更深一层来讲，就是不敢面对机遇，不敢迎接挑战。有的学生在大学学习不太好，自卑心理使得自己缺乏竞争勇气，缺乏自信心，走进就业市场就心里发怵，参加招聘面试，心里忐忑不安，在求职中总是拿不定主意，过分退缩。

（二）心理异常调节方式

心理调节方式，是指个体运用心理学的原理和方法，根据自身发展和环境需要对心理进行控制调节，促使自己的心理和行为获得积极改变，从而最大限度地发挥人的潜力，维持心理平衡，消除心理障碍的过程。大学生在择业就业过程中，可根据自己的状态有选择地加以使用。下面简要介绍几种常见的心理异常调节方法。

1. 自我静思法

自我静思法也叫自我反省法。冷静与理智是一个人成熟的重要标志之一，遇到困难和挫折时要冷静对待，控制心境，切莫冲动和急躁，然后摆脱干扰，仔细分析是自身原因，还是用人单位的原因，是自己努力不够，还是用人单位条件太苛刻。冷静思考，有利于稳定情绪，找出原因，有利于有针对性地解决问题。

2. 转化法

有些时候，不良情绪是不易控制的，这时可以采取转化的办法，把自己的情感和精力转移到其他活动中去，如一门心思学习，参加感兴趣的活动，进行适当的体育运动等，使自己没有时间沉浸在不良情绪中，以求得心理平衡，保持自己的稳定情绪。

3. 适度宣泄法

因挫折造成焦虑和紧张时，消除不良情结最简单的方法莫过于宣泄。切忌把不良心情埋藏于心底，忧虑隐藏得越久，受到的伤害就会越大。较妥善的办法是向同学、朋友、老师倾诉，一吐为快，求得安慰、疏导、同情，甚至可以向亲友痛哭一场，也可以去打球、爬山、参加运动量大的活动。但是，一定要注意场合、身份、气氛等，且任何活动都要注意适度。

4. 慰藉法

择业中遇到困难和挫折在所难免，当自己尽主观努力仍无法改变时，可以说服自己适当让步，不必苛求，告诉自己“失败乃成功之母”“跟有的人相比，我还算好的”“退一步海阔天空”等，找一个自己可以接受的理由，让自己保持内心的安宁。

5. 松弛法

松弛法也叫放松训练，是一种通过练习使心理和躯体放松的方法。放松训练可帮助人们减轻或消除各种不良的身心反应，如焦虑、恐惧、紧张、心理冲突、入睡困难、血压增高、头痛等症状，且见效迅速。大学生择业时如遇类似心理反应，可在有关人员指导下尝试进行放松练习，也可以参照相关的指导语做一些简单的放松练习。例如，紧握拳头然后放开，把注意力放在这个动作上，心情自然就放松了。

6. 沟通法

当对择业产生迷茫、担心和焦虑时，最好不要自己独自承担，可以找家人、老师和同学沟通，听一听局外人对于这种情况的建议和看法，这样不仅能够缓解自己的压力，让自己放下包袱，还能进行理性选择。

7. 自我暗示法

在应聘过程中，可进行积极的自我暗示，自己给自己“打气”、壮胆，如面试前暗示自己“不要紧张”“放松”“我会发挥得很好”“我一定能成功”等。

8. 理性情绪法

理性情绪法认为，人有理性与非理性两种观念，这些观念指导下的认知方式会左右人的情绪。人的不良情绪的产生根源来自人的非理性观念，反之亦然。要消除人的不良情绪，就要设法将人的非理性观念转化为理性观念。例如，有的学生在择业中受了挫折便消沉、苦闷或怨天尤人，其原因在于他原本认为“大学生就业应当是顺利的”“我的择业应该很理想”“我过去事事顺利，这次也不应例外”等。正是这些观念作怪，才导致或加剧了他的不良情绪。如果将这些想法加以纠正，则不良情绪一定能克服。大学生在运用理性情绪法时，应首先分析自己有哪些消极情绪，从中分析、综合、抽象、概括出相应的非理性观念，并对其进行挑战、质疑和论辩，同时对比两种观念状态下个人的内心感受，鼓励自己向理性观念方面转化，从而排除不良情绪。

此外，心理调节的方法还有很多，如自我重塑法、环境调节法、广交朋友法、幽默疗法等。毕业生在面对就业的巨大压力时，要学会运用一些简单的心理调节方法。

案例分享

赵同学的求职历程

大四一年，赵同学先后经历了A公司—B公司—C记者站—D集团等单位的现场招聘。虽屡屡受挫，但终成正果。

第1回　仓促应聘

2014年10月，赵同学在校园网上看到，A公司11月将会来母校招聘，得知这一消息，赵同学便立刻行动起来：买西装；收集A公司资料；向在外企工作的表哥请教。

11月25日，赵同学踌躇满志地去参加面试。首先是赵同学做自我介绍，接着便是人事经理针对简历的提问，这些套路赵同学比较熟悉，回答起来也较为轻松。面试官似乎也比较满意，不时点头。当时赵同学想：估计没什么问题了。不一会儿，那位人事经理微笑地看着赵同学，让赵同学问他几个问题。面对这突如其来的难题，毫无准备的赵同学一下子乱了阵脚。没办法，赵同学敷衍了事地问了违约需要缴纳多少违约金等问题。就这样，赵同学的第一次面试虎头蛇尾地结束了。

第2回　备战B公司

2015年3月，B公司来学校宣讲。听完了该公司负责人的介绍，赵同学和同学当即投了简历。没过两天，B公司通知赵同学去酒店面试。由于经常在学校就业网上看“面经”，赵同学得知B公司喜欢通过分组讨论的形式进行招聘。于是面试前，赵同学一心想着如何把话题集中到自己的观点上，以吸引考官的注意。进入房间后，主考官宣布了分组讨论的题目：腐败问题。腐败问题和招聘有什么联系？题目虽然出乎意料，但凭着多年积累的口才，在讨论中，赵同学总不时表达自己的观点，还经常就别人的话进行概括总结。面试结束后，赵同学心情特别愉快，走在街上还为自己的侃侃而谈兴奋不已。可让赵同学泄气的是，B 公司的复试通知一直没来。后来他在学校的就业网上看到一则帖子，说 B 公司拒收“爱出风头”的人。

第 3 回　尝试记者站

3 月底，赵同学在某人才网上看到 C 记者站招聘记者的消息。当时赵同学觉得自己虽非新闻专业科班出身，但好歹选修课也学过，还在学校校报上发表过几篇文章，便投了份简历。没想到，几天后竟收到了 C 记者站的笔试电话。于是，赵同学临阵磨枪，把新闻理论基础方面的书翻了个遍，2015 年 4 月笔试时，试卷发下来一看，除了个别问题比较专业、自己缺乏了解外，好多题目都是上新闻选修课时老师讲过的，还有一些问题反映的是当前一些社会热点问题。由于学得不扎实，平时对时事政治缺乏了解，三个小时的试卷，赵同学一个小时就交卷了，结果当然还是以失败告终。

第 4 回　坚持试空分

5 月初，D 集团开始校园招聘。招聘启事格外诱人：提供住房，解决户口，起薪 2800。投简历的同学络绎不绝。赵同学心知排队无望，怎么办？

直到中午 12 点，终于等到招聘人员出来了。赵同学迎上去，向一位看起来年龄较大的招聘官递出求职材料：“能耽误您一分钟时间看看我的简历吗？”面试官惊讶地看着赵同学说：“对不起，我们的招聘已经结束了。”赵同学看着他的眼睛说：“可是为了应聘，我已经等了 3 个小时了。”面试官认真翻阅了赵同学的简历，然后说：“好吧，你今晚到 ×× 宾馆参加面试”。

回到宿舍，赵同学浏览了 D 集团的网站，下载了集团的历史沿革、产品展示、企业文化、发展规划等资料。同时，赵同学还请了四位已找到工作的牛人担任“招聘方”，模拟面试场景，让他们帮赵同学出谋划策。

晚上 6 点半，赵同学来到宾馆参加面试。由于准备充足，加上赵同学用心坚持，给 HR 留下了很好的印象。第 2 天早上，D 集团便打来电话让赵同学去签协议。赵同学终于成功了。

（资料来源：董葵，王独伊．大学生职业生涯规划 [M]．北京：科学出版社，2020.）

六、有效管理时间

爱迪生说：“世界上最重要的东西是时间。”马克思说：“可以支配的时间就是财富本身。”富兰克林说：“要充分利用时间，每一事务都要安排时间。”彼得 · 德鲁克说："时间是最高贵而有限的资源。"时间是珍贵的日用品；时间是生命的基础；没有时间，任何事都是做不成。任何人都必须学会有效管理时间。

（一）时间管理的概念

时间管理是指通过事先规划并运用一定的技巧、方法和工具实现对时间的灵活及有效运用，从而实现个人或组织的既定目标。时间管理是在日常实务中执着并有目标地应用可靠的工作技巧，引导和安排管理自己与本身的生活，合理有效地利用可支配的时间。时间管理的目的就是将时间投入到与目标相关的工作上，同时获得"三效"：效果，即确定的期待结果；效率，即以最小的代价或付出获得结果；效能，即以最小的代价和付出获得最佳的期待结果。

有关时间管理的研究已有相当长的历史。犹如人类社会从农业革命演进到工业革命，再到资讯革命，时间管理理论也可分为四代。

第一代的时间管理理论着重利用便条与备忘录，在忙碌中调配时间与精力。

第二代的时间管理理论强调行事历与日程表，反映出时间管理已注意到规划未来的重要。

第三代的时间管理理论是目前正流行、讲求优先顺序的观念。也就是依据轻重缓急设定短、中、长期目标，再逐日确定实现目标的计划，将有限的时间、精力加以分配，争取最高的效率。

当前又有第四代的理论出现。与以往截然不同之处在于，它根本否定"时间管理"这个名词，主张其关键不在于时间管理，而在于个人管理。与其着重于时间与事务的安排，不如把重心放在维持产出与产能的平衡上。

（二）大学生时间管理的现状

1. 大学生的时间观念较好，但在客观上时间浪费的现象普遍存在。
2. 大学生的时间计划性弱，且实施困难，尤其是短期的计划。
3. 大学环境部分程度上对学生形成时间管理产生负面影响。
4. 大学生时间安排不合理，已经严重影响学生生活和身体健康。
5. 大学生时间管理满意度低，普遍缺乏对自身时间管理现状的信心。
6. 大学生缺少对时间的一个反思和总结，对自己的时间安排情况很模糊。

（三）时间管理的意义

时间管理并不是要把所有事情做完，而是更有效地运用时间。时间管理的目的除了要决定该做些什么事情之外，另一个很重要的目的是决定什么事情不应该做；时间管理不是完全的掌控，而是降低变动性。

大学生时间管理的意义在于：时间管理是培养应变能力的需要，是立即实现自我调适的需要，是抓住时机的需要。

（四）时间管理的基本方法

1. 计划管理法

首先，记录自己的时间，追踪流向，诊断并分析时间运用的状况。其次，制定目标并拟订计划，使时间的应用更具效用。最后，切实执行计划，研究造成时间浪费的因素及改掉浪费时间的习惯，成为掌握时间的主人。

2. 优先级矩阵法

按重要性和紧迫性对所有可能的活动进行分类，分成“既重要又紧迫”“重要但不紧迫”“紧迫但不重要”“既不紧迫也不重要”四类，形成时间管理的优先矩阵，也叫“四象限法”。由著名管理学家史蒂芬·柯维（Stephen Covey）提出，把工作按照重要和紧急两个不同的程度进行划分，基本上可以分为“四个象限”，见表 3–11。

表 3-11　时间管理的“四个象限”

类别	特征	相关事宜
第一象限	“既重要又紧迫”的事件	处理危机和客户投诉、完成有期限压力的工作等
第二象限	“重要但不紧迫”的事件	防患于未然的改善、建立人际关系网络、发展新机会、人员培训、制订防范措施、学习新技能、长期工作规划、有效的休闲、保持身体健康等
第三象限	“紧迫但不重要”的事件	不速之客、某些电话、会议等
第四象限	“既不紧迫也不重要”的事件或是“浪费时间”的事件	客套的闲谈、阅读令人上瘾的无聊小说、收看毫无价值的电视节目等

在人们的日常工作中，很多时候往往有机会去很好地计划和完成一件事，但常常又没有及时地去做，随着时间的推移，造成工作质量的下降。应有重点地把主要的精力和时间集中放在处理那些“重要但不紧迫”的工作上，这样可以做到未雨绸缪，防患于未然。

（五）时间管理的基本程序

1. 评估

评估包括评估时间利用情况、管理者浪费时间的情况以及个人的最佳工作时间。

2. 计划

（1）制定具体工作目标及重点。

（2）选择有效利用时间的方法与策略。

（3）列出时间安排表。

3. 实施时间计划时应注意的事项

（1）集中精力。

（2）学会“一次性处理”或“即时处理”。

（3）关注他人时间。

（4）有效控制干扰。

（5）提高沟通技巧。

（6）处理好书面工作。

4. 评价

评价时间安排是否合理有效，活动主次是否分明，有无时间浪费情况。

七、学会调整压力

（一）关于压力

压力围绕在每个人的生活中，有压力才有动力，但面临的压力超出了心理承受能力，就会导致心理失衡，引起抑郁、焦虑等心理疾病。无论是哪种类型的心理压力，都有可能使人出现以下症状：心跳过速、手心冰冷或出汗、呼吸短促、头痛胃痛、恶心呕吐、腹胀腹泻、肌肉刺痛、健忘失眠、自卑、多疑、嫉妒、消沉、思维混乱、脾气暴躁、过度亢奋、喜怒无常等。

压力管理（Stress Management）就是个体用有效的方法应对在压力情况下的生理、心理唤起。压力可以是一种驱动力，当有欲望或出现紧迫感的时候，压力就随之而来。当前，职业压力已经成为一个流行病了。压力是一种非特定的反应，不同的人表现出来的是不同的身体状况。除了对身体的伤害以外，过度的工作压力，对于组织的消极影响也是巨大的。如果员工的压力过大，会产生不满、消极的情绪，对工作不负责任，另外，也会出现高离职率、高缺勤率等问题。

（二）压力管理的技巧

1. 自我接纳，自我肯定

很多时候是自己的想法和思维决定了压力感受的大小。压力管理首先要学会自我接纳、自我肯定。很多时候自己感到压力大，是因为思考方式有问题。面对不快、或者自身的不足，可以这样想：“这些不如意，我们真的需要去解决吗？”“为什么不能允许一些不影响我们正常工作的缺点和问题存在？”“非得去解决，却又解决不了，岂不是自寻烦恼？”接纳自我，肯定自我，就是不要紧盯着自己的缺点不放，因为这样反而会放大缺点的影响。

自我肯定可以默默地进行，也可以大声说出来，还可以在纸上写下来，甚至可以歌唱或吟诵。只有不断地进行自我肯定的练习，才能够改变自己对事业成功的态度和期望，逐步改变已形成多年的思维习惯。

在肯定自我的同时，也不要对过失进行否定，要始终保持实事求是的态度。始终要以现在时态而不是以过去和将来时态进行肯定，不要过于沉溺在过去的成功和对未来的幻想之中，要活在当下，努力做好现在的事情，享受现在的生活。

2. 要学会放弃

现代企业员工压力大的原因之一，是在众多选择面前不知道如何取舍。有时候，压力是自己强加给自己的。知识经济时代带来了很多的机会，面对这些机会，谁都不愿意放弃。因此，懂得放弃的人就不会有那么大的压力，反而能在专注的事情上做得更好。

3. 培养健康与均衡的身心生活

养成运动的好习惯，可以有效地驱除不良心境。哪怕只是散步十分钟，都能收到立竿见影之效。健身运动能使身体产生一系列的生理变化，其功效与那些能提神醒脑的药物类似。“为了节省时间而不休息”是错误观念，足够的睡眠时间有助于解压，让人充满乐观的情绪。

可以多做有氧运动，如散步、骑车、慢跑、划船、游泳、跳舞、爬楼、跳绳、球类、太极拳等，但不要做激烈运动。散步实际是个修心的过程，散步时身体、脚步、精神很自然地慢了下来，心情也由此放松。有氧运动也可以减轻焦虑和抑郁症状。

4. 进行放松训练

放松训练是个大课题，有各种各样的放松训练方法，例如，德国精神病学家舒尔兹（J. H. Schultz）提出的用言语进行的放松训练方法。他在 1932 年出版的《自我暗示和放松训练》一书中，把暗示的程序变成由准确言语表达的几个句子，教会病人或运动员利用这些暗示。后来，多国的研究者都对这种方法进行了推广和改进。

放松是压力管理技巧中最简单的方法。方式有：渐进性放松，从头到脚一点一点地通过放松暗示来舒缓心身；呼吸放松，有意识地放慢呼吸，专注呼吸，到慢慢忘记呼吸而进入一种“无我”状态。常见的放松方法还有颈部放松法、想象放松法、呼吸放松法、瑜伽放松法等。

放松是一种自我控制的方法，是一种需要练习的技巧。开始每天花 20~30 分钟进行训练，等放松技巧改进后，可减少时间。此外，一定要舒缓地结束放松练习。

5. 沉思

沉思与放松之间有许多共同之处，都需要一种精神的集中；放松是慢慢掩藏住对意识的觉察，沉思却是慢慢强化这种觉察，通过反复思考同一件事，直到自己穷极一种思想，产生类似开悟的感受。要善用沉思原理，留意生活。

6. 自我催眠

采用任何方式让自己快速脱离现实，都是一种自我催眠，如喝酒、幻想、运动、看吸引人的书、听愉快的音乐、与人聊天等。但也需要清楚，痛苦、烦恼、悲伤、自卑、丧失感、缺陷感、无力感也有催眠的能力。因此，在自我催眠中，要保持觉知，保留住一丝清醒，让催眠帮助自己调节情绪，而不是伤害自己的身体。

人在职场就会有压力。工作有压力很正常，关键在于怎样看待压力、化解压力，让自己有良好的工作情绪投入工作。如果能很好地对待压力和调节自己的情绪，在职场一般会有很好的发展。

思考与练习

1. 如何界定职业的内涵？
2. 职业分类有哪些意义？
3. 职业资格证书对于劳动者的作用有哪些？
4. 阅读以下材料并回答问题。

王同学是北京市某高校计算机专业大二的学生，籍贯是河北省沧州市，父母都是当地的公务员，他们希望自己的孩子能找一份比较稳定的工作。王同学所在的高校是一所具有三十多年办学历史的工科院校，所修专业是该校历史最悠久的本科招生专业，毕业生的主要去向是北京地区的 IT 公司。

王同学所修专业的毕业生往年就业率和就业质量都不错，当年却遇到了前所未有的困难，而且外地生源留京落户也更加困难。

问题：假设你是王同学，请根据本章所学知识进行职业规划的环境分析。

5. 结合以往的经历，思考自己属于什么样的决策类型？

6. 尝试用一种职业生涯决策方法对自己面临的选择做一次分析。

7. 结合自身情况，简述大学生应该如何快速适应职场？

第四章 大学生职业生涯规划的方法与评估

学习目标

知识目标

1. 掌握设定职业生涯目标的原则、依据。
2. 熟悉职业生涯目标设定的误区。
3. 掌握职业生涯规划的原则与方法。
4. 了解职业生涯规划书的类型。
5. 掌握职业生涯规划书的主要内容。
6. 掌握评估与修订职业生涯规划的方法。

思政目标

1. 培养自身的规划及应变能力。
2. 培养自身发现及解决问题的能力。
3. 培养理性对待职业生涯中的问题，并努力解决问题的素养。

第一节 正确设立职业生涯的目标

一、设立目标的重要性

明代儒学家王阳明曾说：“志不立，天下无可成之事。”立志是人生的起跑点，反映着一个人的理想、胸怀、情趣和价值观。在准确地对自己和环境作出评估之后，可以确定适合自己、有实现可能的职业发展目标。在确定职业发展的目标时，要注意自己的性格、兴趣、特长与选定职业的匹配，更重要的是考察自己所处的内外环境与职业目标是否相适应，不能妄自菲薄，也不能好高骛远。合理、可行的职业生涯目标的确立，决定了职业发展中的行为和结果，是制订职业生涯规划的关键。

二、职业生涯目标设定的原则

职业生涯目标设定的原则主要有以下内容。

1. 明确性

明确性是指明确、具体地表达目标及其行动方案。

2. 可测量性

可测量性是指目标应该是可以衡量的，如数量、质量、时间等。

3. 可实现性

可实现性包含两方面的含义，首先必须是在合理的、可控制的范围之内；其次，必须有一定的挑战性，要经过一定的努力才可以实现。

4. 相关性

相关性是指个人的职业发展目标要与企业目标、部门目标乃至社会需求、市场经济发展趋势相联系。

5. 时限性

时限性是指要在特定的时间内完成。

6. 重点集中性

重点集中性是指目标不可定得太多，太多了就意味着没有重点，一般设定 3 ~ 5 条即可。

7. 客观限制性

客观限制性是指有的工作个人可以完全做主，有的则需要考虑环境和组织的限制，同时还要考虑环境现状和组织的制度制约。

8. 重要等级性

重要等级性是指个人在目标设定时，要依据重要性的不同把全部的权重分配给不同的关键任务。区别不同工作的轻重缓急，而且在评估中也会有不同的重要性的体现。

三、职业生涯目标的分类

1. 按时间长短分类

按时间长短不同可以划分为短期目标、中期目标和长期目标。

（1）短期目标。短期目标通常是指时间在 1 ～ 2 年内的目标，它是中期目标和长期目标的具体化，是操作性比较强的行动目标。短期目标可能是自己制定的，也可能是上级领导分配安排的，有较为具体的截止日期。短期目标应该是实现中长期目标的必经之路，是中长期目标的组成部分。

（2）中期目标。中期目标一般是指 3 ～ 5 年内的目标，它既是制定和实施短期目标的依据，又是长期目标的重要组成部分。它具有指标量化的特点，并有一定的弹性，在整个目标体系中起着承前启后的作用，也是职业生涯能否有效实施和实现的重点。

（3）长期目标。长期目标一般指 5 年以上的目标，通常比较粗略、欠具体，有可能随着各种主客观情况的变化而发生变化，其具有战略性、挑战性和动态性等特点。

2. 按目的的性质分类

按目的的性质可以划分为内职业生涯目标和外职业生涯目标两大类。

（1）内职业生涯目标。内职业生涯目标是指从事一项职业时提升自身素质与职业技能而获取的个人综合能力、社会地位、价值观念及荣誉的总和。内职业生涯目标主要靠个体努力争取得来，它不随着外职业生涯的获得而自动具备，也不会由于外职业生涯的失去而自动丧失。内职业生涯目标侧重于个体自身因素，主要包括工作能力目标、心理素质目标、观念目标、内心感受目标等因素，见表 4–1。

表 4–1　某记者的内职业生涯目标的因素

内容	示例
工作能力目标	争取达到可以采访名人的能力
心理素质目标	提高处理突发事件、危机的能力。采访中遇到突发情况时能够沉着、理智地应对，尽快找出使损失最小的解决问题的方法
观念目标	注重才能的积累远比注重薪水的多少更重要，因为它是每个人最厚重的生存资本
内心感受目标	提高自己对所从事职业和工作的认可度，在此基础上更努力工作

①工作能力目标。工作能力是对处理职业中各种问题的能力的统称，如能够和上级领导以及公司同事无障碍沟通的能力，组织大型活动的规划和组织能力，对自己所负责事务的分析能力等。工作能力的提高，可以使个体掌握更新的观念、更充足的知

识，进而得到更令人满意的工作结果。

②心理素质目标。心理素质指的是在职业生涯发展过程中遇到障碍时，能够积极应对困难的心理态度、能够经受困难的心理承受力和坚信能够克服困难的信心。心理素质目标指的是经过训练、学习和调整，在职业生涯中能够经受住挫折，正确看待成功，能够做到临危不惧、宠辱不惊。心理素质目标非常重要，最终能够实现职业生涯目标的人和最终没能实现目标的人，其区别往往并不在于是否在实现的过程当中遇到困难，而是在于心理素质的不同。前者认真寻找真正的不足所在，并努力学习、掌握克服这些困难的方法；而后者，或者根本没有找到不能实现职业生涯目标的阻力，或者虽然发现了一些困难，却没有找到合适的方法解决这些困难。

③观念目标。观念主要是指对人对事的态度和价值观。观念目标指个体在工作学习中要求自己逐步形成一种什么样的观念或态度。工作是人生命的投影，一个人的工作态度折射着人生态度，而人生态度决定一个人一生的成就。一个天性乐观、对工作充满热忱的人，无论其眼下从事低微的工作，还是从事受人尊敬的工作，都会认为自己的工作是一项神圣的职业，并怀着深厚的兴趣，不论遇到多少艰难险阻，都会有所成就。

④内心感受目标。内心感受是指工作中由于发现和应用新的管理方法、创造新的业绩等而带来的内心收获和成就感。内心感受目标指的是在工作中朝有利于事业成功的方向积极努力，并用工作成绩收获新的、正向的心理感受。内心感受目标的正向强化会使个人在工作中的兴趣、成就感和努力程度不断提高。工作成果本身属于外职业生涯目标，但取得工作成果的内心收获和成就感，则属于内职业生涯目标。

（2）外职业生涯目标。外职业生涯目标是指从事职业活动时的外在因素的组合及其变化过程，是在职业生涯过程中所经历的职业角色及获取的物质财富的总和，它是依赖于内职业生涯的发展而增长的。外职业生涯目标一般是具体的，主要包括工作职务目标、工作成果目标、经济收入目标、工作环境目标等因素，见表 4–2。

表 4–2　某职员的外职业生涯目标

内容	示例
工作职务目标	2 年内成为公司负责销售的地区经理
工作成果目标	创造 A 类产品年销售 1000 万元的销售量
经济收入目标	2 年内年薪增加到 10 万元
工作环境目标	2 年内进入行政办公楼

①工作职务目标。工作职务目标是指在自己所从事的职业上，在某个阶段内通过努力，使自己在职务上达到更高的标准。内容主要包括两方面：第一，现有职务的职责、权力是否能进一步扩大；第二，职务晋升，一个人只有具备日常工作的能力，才能为其职务的晋升打下基础。因此，在制订职业生涯规划时，应注重内职业生涯目标中的工作能力的提高。

②工作成果目标。工作成果目标是指在自己从事的工作岗位上，某阶段内要达到的具体工作目标，要完成的工作计划。例如，工作产品在数量和质量上的提高、销售量在总金额上的进步、学者在研究成果上的成绩等。工作成果在一定程度上是直接衡量一个人职业成功与否的外在指标，工作成果目标的实现会增加人的成就感，对人的内职业生涯目标的实现有积极的正面作用。

③经济收入目标。经济收入目标是指在某阶段内，个人在工作岗位中薪酬上的增长和个人经济储蓄上的总收入目标。大学毕业生要敢于制定职业生涯的经济目标，但必须结合自身情况。例如，某保险公司职员根据保险行业的特点和个人目前的发展状况，为自己制定的经济收入目标为 30 岁之前赚取 20 万元，40 岁之前赚取 100 万元。

④工作环境目标。工作环境目标是指在某阶段内，工作硬件环境的改善状况。在更好的环境中，人们带着更好的心情工作，对职业生涯目标的完成也有积极的作用。

案例分享

王先生的目标

在年轻时，王先生就定下了一系列明确的目标，并一步一步地实施。18 ~ 21 岁在校期间，他就打好了专业基础，学习了关于酒类方面的知识；毕业后，他就到酒吧当学徒；在 21 ~ 30 岁这段时间，他有针对性地潜心学习调酒技艺；到了 30 岁，他的技术已经基本达到了调酒师的水平。但是他并不满足，希望自己能成为更为专业的调酒师，而且要开一间自己的酒吧，向更专业的水平迈进。于是，他又花了将近 10 年的时间，努力成了具有国际水平的高级调酒师，并且在 40 岁时开了一间属于自己的酒吧。然后，在 50 岁之前，他准备把他的酒吧发展为全国连锁店，并扩展到国外。经过近 10 年的努力，50 岁时，他的目标已经基本实现。这时，他不再满足于只开酒吧，而准备涉足其他娱乐项目。经过不懈努力，60 岁时，他在成功经营酒吧的同时，又建成了全国最大的综合娱乐中心。

（资料来源：梁杰，杨一笔，雷承春．大学生职业生涯规划与就业指导［M］．武汉：华中科学技术大学出版社，2022．）

（3）内职业生涯目标与外职业生涯目标的关系。内职业生涯目标与外职业生涯目标关系密切，但对个人职业生涯实现的作用有所不同。

①联系。内职业生涯目标的发展带动外职业生涯目标发展，内职业生涯目标的发展程度决定了外职业生涯目标的发展程度。内职业生涯目标丰富的人会抓住每一次发展机会，甚至能主动为自己、为别人创造发展机会。内职业生涯目标是真正的人力资本所在，提高内职业生涯目标而取得的工作成绩会转化为实现外职业生涯目标的有利工具。内职业生涯目标的各个因素一旦获得，便成为人生的无价之宝。

外职业生涯目标的实现可以促进内职业生涯目标的实现，内、外职业生涯目标相互促进、相互折射。外职业生涯目标是具体的、实际的，其实现可以成为激发人继续努力的动力，给人良好的心理预期，并获得由各项成绩带来的内心成就感，有利于内职业生涯目标的实现。人的内职业生涯目标往往随着外职业生涯目标的实现而实现。

内职业生涯目标在人的职业生涯成功乃至人生成功中具有关键性作用，因而在职业生涯的各个阶段，尤其在职业生涯早期和中期，都应该重视内职业生涯的发展。对于尚未毕业的大学生，或者是刚刚参加工作的新员工，一定要把对内职业生涯目标各个因素的追求看得比外职业生涯目标更重要。

②区别。内职业生涯目标可以通过别人的帮助而实现，但并不是靠别人强加或赐予的，而主要是通过自身主观努力追求、不断探索而获得。外职业生涯目标关注客观条件因素，侧重于职业过程的、外在的、可以看得见的、可明确衡量的标记。例如，某同学应聘一家企业的人力资源职员，其薪酬不是由自己决定的，在今后的工作中如果不能给企业带来好的业绩，随时有被降薪或辞退的可能。

内职业生涯目标一旦取得，便会内化成自己的基本财富，很难被他人收回。外职业生涯目标通常是由别人认可和给予的，也容易被别人否认和收回。

四、职业生涯目标选择的依据

选择职业生涯目标时，应该通过科学的方法，综合考虑自身和职场、社会环境等因素，选择适合自己的职业生涯目标。我国人事科学研究者罗双平用一个精辟的公式总结出职业生涯规划的三大要素，即“职业生涯规划 = 知己 + 知彼 + 抉择”。选择职业生涯目标时不仅要对个人特质进行分析，还要结合社会环境和职业环境，综合考虑多种因素。

1. 个人因素

个人因素主要内容包括与个人相关的所有能力因素和非能力因素，如兴趣、性格、能力、特长、价值观等。个人因素的评估是个人职业生涯的基础，也是获得可行的规划方案的前提，个人因素的评估是职业生涯规划要素中的“知己”。只有对自己有一个全面、客观的认识，才能做出最正确的职业选择，才能选定最适合自己的职业生涯路线。

清楚地知道自己未来想干什么是选择职业的前提条件，但仅凭兴趣选择是不全面的，感兴趣的事情并不代表有能力去做，从事任何一项职业的能力需求，决定了并不是只要有兴趣就能干好。职业选择是个人性格的反映和延伸，择业者的人格特点应与职业类型相适应；价值观支配着生活中的每一件事，是决定如何做出选择和行动的关键因素。

2. 社会环境因素

社会环境因素是指社会的政治、经济体制，人才市场的管理体制，社会文化习俗，职业的社会评价等状况。社会环境因素决定了社会职业岗位的数量、结构、层次，同时也决定了人们的职业观念，从而决定了就业的方式、职业观和个人职业生涯的历程。

3. 职业环境因素

每个职业的行业环境都有各自的发展规律，行业的特点、现状、未来趋势、就业竞争状况等因素，往往影响着个人的职业行为和未来的职业发展道路。对这些职业因素进行认真、谨慎的斟酌，将有利于个体做出正确的职业选择和职业发展规划。职业因素包括就业需求、行业声望、行业发展状况与发展前景。

五、职业生涯目标设定中的误区

个人职业生涯目标的设定并不是一件容易的事，职业目标的设定关键在于“知己又知彼”。一方面，对自己要有一个清楚的认识和了解；另一方面，对就业环境和职业岗位的要求也要心中有数。因此，职业生涯目标的质量主要在于人格—职业是否匹配，以及所设定的目标是否切实可行。下面是个体在设置职业生涯目标时常见的几个误区。

1. 设置了一个并不属于自己的目标

如果设定的职业生涯目标不能满足自己的需要，不是自己真正感兴趣的，也是不太适合自己的，或是自己不能胜任而且与自己的价值观相违背的，那么这个职业生涯目标就不正确。有些人在做职业决策时，常常讨教别人，比如自己的父母、老师或是朋友等，让别人来判断什么适合自己，而不是从自己的兴趣、能力、个性以及价值观等方面来设置自己的职业生涯目标。从长远来看，即使实现了这样的职业生涯目标，它所带来的往往是挫折，而不是内心的成长。

2. 职业生涯目标与人生的其他目标并不相关

一个人在职业生涯中扮演的角色是多种多样的，如学生、公民、职业者、子女、配偶、父母、休闲者等角色，各种角色之间是相互影响的，一个角色的成功可能会带来其他角色的成功，一个角色的失败也可能会导致其他角色的失败。同样，如果在一个角色中投入太多的时间和精力，也可能会影响到其他角色的质量。因此，个人职业生涯目标的设定，往往要考虑到它对生活其他方面的影响。设定的职业生涯目标与想过的生活应该是基本一致的，有些人在职业生涯目标的设定上，只注重工作的挑战、奖赏和声誉，而忽略了子女、配偶、父母、休闲者等角色。要注意职业生涯目标与家庭目标、个人生活和健康目标的协调和结合，因为家庭的幸福和身体的健康是事业成功的基础和保障。

3. 长期目标和短期目标相脱节

要注意长期目标和短期目标的结合，长期目标指明了发展方向，短期目标是实现长期目标的保证，长短结合更有利于职业生涯目标的实现。如果只有长期目标，那么目标显得太宽泛、欠具体，缺乏行动的动力；同样，如果过分关注具体的目标会导致目光短浅，只会行动而不会思考。

4. 职业生涯目标实现太容易或太难

职业生涯目标的设定要有一定的挑战性，只有这样，才能给自己以激励和动力，实现目标时才能带来应有的成就感。目标实现太难，会因为失败而造成挫败感，对人的积极性产生负强化，丧失继续努力的勇气；目标实现太容易，则会失去挑战性和激励作用，对人没有鼓励和促进，成就感和满足感也会差很多。合理的目标是基于自己的能力和周围环境的、既有挑战性又有实现的可能性的目标。因此，合理目标的设定需要个体具有深刻的洞察力和判断能力，既要充分分析自己，又要了解环境中的机会和障碍。

5. 职业生涯目标缺乏弹性

职业生涯目标的设定常常要强调灵活性，灵活性的目标对于有效的职业生涯管理必不可少。由于工作环境和人的能力状态都不可避免地会随各项事务的变化而变化，当过去适合自己的职业生涯目标随着时间和环境的变化而不再适合自己时，工作和职业生涯的目标就要随之进行灵活的调整和改变，甚至完全放弃。进行职业生涯规划要把握变与不变的尺度，不能走极端。职业生涯目标的改变应在原有目标的基础上，结合新的形势进行适当调整，只有当职业生涯目标与现实情况存在严重的冲突时，才考虑废除原有目标，确立新目标。

6. 缺乏核心目标

核心目标就是在一段时间内行动所围绕的中心。一段时间内的行动要有一个核心目标，否则纵使有明确、现实、合理的目标，也未必能成功。如果有多个目标，可以对每个目标进行评估，确定一到两个最重要、最有价值的、对事业发展最有推动力的目标作为核心目标。

职业生涯目标是职业生涯规划的核心，因此，在职业生涯目标制定的过程中，一定要尽量注意避免以上误区，提高职业生涯规划的有效性。

第二节　职业生涯规划的原则与方法

一、职业生涯规划的基本原则

大学生在大学阶段通过对自身和外部环境的了解，为自己确立职业方向、职业目标，从而选择职业道路，确定发展计划，为实现职业生涯目标而确定行动时间及行动方案。职业目标的有无及好坏，不仅直接影响到大学期间的学习、生活质量，还直接影响到求职就业及未来职业生涯的成败。

案例分享

我的职业生涯该如何规划?

小卫是一所重点院校的本科学生，今年大三，进学校时因分数偏低，虽然被录取了，但被调剂到了植物学专业。在上完大一的基础课及大二的专业课后，小卫发现自己对这个专业一点也不感兴趣，了解了就业方向以后更是失望。如果毕业以后去从事专业工作，那么自己将要一辈子忍受下去。如果不从事专业工作，那么自己到底要去做什么工作？在剩余的两年里，自己不知道该顺其自然还是应该做哪些准备？

小安学的是工商管理专业，专业知识多而杂，缺乏准确就业方向。小安当时的想法只是想进管理层，但是听毕业的学长学姐们说得多了，知道刚毕业的学生不可能一开始工作就做管理层，必须要从基层做起。但是，这个基层范围太广，很多人做了多年基层岗位工作，还是升不到管理层。自己现在已经大四了，一眨眼就毕业了，很多同学都开始找实习单位了。那么自己该怎么选择？自己现在学的知识出去后能帮自己就业吗？现在该做些什么事情？很迷茫！

（资料来源：李璞，张惠琴，王昕．大学生职业生涯发展规划 [M]. 第 2 版．北京：高等教育出版社，2022.）

（一）SMART 原则

SMART 法是目标管理的方法之一（图 4–1）。目标管理由西方管理大师彼得·德鲁克（Peter F. Drucker）提出，他指出：所有人不能只顾低头拉车，而不抬头看路，最终忘了自己的主要目标。在职业生涯规划中，也需要认清自己的目标，才能更好地让理想变为现实。

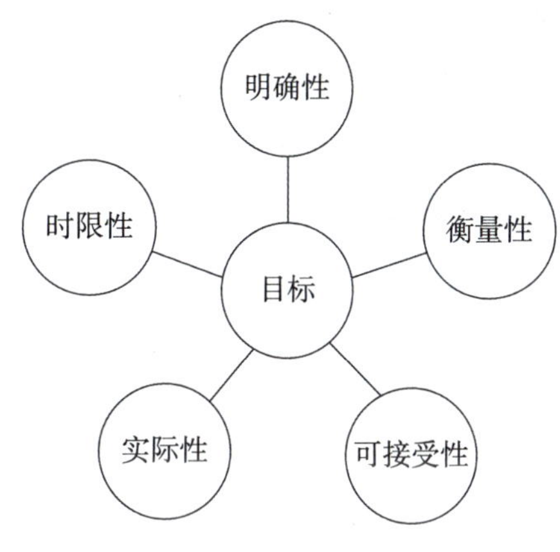

图 4–1　SMART 法演示图

1．S（Specific）—— 明确性

明确性就是要用具体的语言清楚地说明要达成的行为标准。明确的目标几乎是所有成功规划的一致特点。

实施要求：目标设置要有衡量标准、达成措施、完成期限以及资源要求，使监督者能够很清晰地看到每月要做哪些事情，计划完成到什么样的程度。

2．M（Measurable）—— 衡量性

衡量性就是指目标应该是明确的，而不是模糊的。应该有一组明确的数据作为衡量是否达成目标的依据。

实施要求：目标的衡量标准遵循“能量化的量化，不能量化的质化”。杜绝在目标设置中使用形容词等模糊、无法衡量的描述。

3．A（Attainable）—— 可接受性

目标是要能够接受的，如果拟定的是不切实际的目标，不久之后会产生一种心理

和行为上的抗拒。

实施要求：目标设置要坚持家人、朋友、同学等相互沟通，使拟定的工作目标在组织及个人之间达成一致。既要使工作内容饱满，也要具有可达性。可以制定出跳起来“摘桃”的目标，不能制定出跳起来“摘星星”的目标。

4. R（Relevant）—— 实际性

目标的实际性是指在现实条件下是否可行、可操作。

实施要求：使个人目标与现实目标达成认识一致、目标一致。

5. T（Time-based）—— 时限性

目标特性的时限性就是指目标是有时间限制的。没有时间限制的目标没有办法考核，只有时间的限制，才会给大家带来动力和紧迫感，让人们更好地利用时间去学习。

实施要求：目标设置要具有时间限制，根据工作任务的权重、事情的轻重缓急，拟订出完成目标项目的时间要求，定期检查项目的完成进度，及时掌握项目进展的变化情况，还可以依照情况变化及时地调整工作计划。

案例分享

韩同学的 SMART 分析

韩同学是一名大二同学，今年准备参加大学生英语四级考试，她希望增加自己的词汇量，尽快提高自己的阅读理解能力，使自己的英语水平得到提高，尽快掌握考试重点和应试技巧，在学期末通过大学英语四级考试。

1. S（Specific）—— 明确性：参加本学期的英语等级考试，并通过英语四级。

2. M（Measurable）—— 衡量性：通过复习使自己词汇量达到 4000 以上，掌握相关的语法知识以及应试技巧。

3. A（Attainable）—— 可接受性：依照自己的课程情况，安排复习时间。计划 3 个月完成 60 篇英文材料的精读。

4. R（Relevant）—— 实际性：3 天做两篇阅读，并且把生词记录并背诵，每天暂定英语复习时间为 4 小时，每两周做一份历年真题。

5. T（Time-based）—— 时限性：英语复习计划从开学开始执行，根据计划每周做一次总结，并依照实际情况制订下周计划。词汇在现有的基础上两个月内完成，真题在最后一个月内完成。

（资料来源：金德禄．大学生职业生涯规划与就业指导 [M]．南京：东南大学出版社，2020.）

（二）各个环节遵循的主要原则

除了以上的基本原则之外，在各个环节上还需要注意以下几方面原则。

1. 评估自我环节应坚持主观与客观相结合的原则

评估自我是个人职业生涯规划的前提和基础。评估自我是对包括与个人相关的所有因素，如个性、性格、能力、情商及潜能等进行分析和评价，即要弄清楚自己是谁，自己想要做什么，自己能够做什么。

大学生首先应对自己进行全面的评价和分析，评价是认识自我最直接和最有效的方式。实际上，个人对自身的评价是经常进行的，但是这些评价往往是随意的、偶然的，因而缺乏系统性和科学性。要真正全面、系统地进行自我评价，必须借助于专业的职业生涯测评系统。

一个完善合理的职业生涯测评系统应当在综合管理学、心理学、组织行为学、人事测量学、统计学知识的基础上，对被测试者的职业兴趣、职业性格、职业能力和职业价值观等各个方面进行全面、深入的评价，从而使其能够了解自己的深层个性、性格、能力、特长、兴趣，分析具有的潜在优势和不足，进而提出发挥潜能、改进不足的建议。但个人对自我的评估往往带有较强的主观性，即使使用职业生涯测评系统，它的结果和建议也并非完全可信和符合实际。因此，还必须将个人对自己的评价与他人对自己的评价结合起来。通过周围熟悉自己的人对自己的评价，自己获得的分析和认识会更加全面和客观。因此，大学生在制定职业规划时，需要与周围的朋友、家人和专家多沟通，充分、清晰地了解自己。

2. 分析环境环节应坚持整体与局部相结合的原则

外部环境是个人发展的现实基础。只有立足现实，积极思考，才能认清形势，充分利用一切机会，实现自己的职业理想和人生价值。职业生涯规划必须考虑外部环境的影响，对各种可能影响到职业的外部力量加以衡量、评估，才能保证其科学性和可能性。因此，要客观评估现实环境条件的特点、发展与变化趋势，并在此基础上认清自己与环境的关系及环境对自己的有利条件和不利条件等，进而相应调整自己的目标和预期，使自己的职业生涯规划切实可行，符合社会变化的要求和职业发展的要求。

大学生在进行职业生涯规划时，既要考虑个人的因素，也要自觉服从社会的需要。据测算，GDP 每增长 1 个百分点，将会新增就业岗位 180 万个。因此，大学生在规划职业生涯时，首先要分析把握社会整体的经济发展状况，特别是一些新的经济特点、新兴产业动向对社会发展可能带来的影响，以及由此引起的社会人才需求、人才结构的变化，以便确立自己的职业发展方向。社会的政治、文化氛围也是规划职业生涯时不能忽略的重要因素，因为社会是个整体，经济、政治、文化之间相互作用、相互影响。一个新出台的政策，可能导致一个产业的复兴或者衰败，因此，社会政治、文化的变化发展，也是职业生涯规划分析评价的内容之一。

对社会的一般性宏观分析是进行职业生涯规划的重要组成部分，但不是全部。一方面，要清楚未来可能所从事职业的工作内容、工作环境，任职条件所需的知识、能力、经验和经历等，以及相适应的职业兴趣类型。大学生要充分利用多种途径广泛搜集相关信息，同时也要积极参加职业实践，通过实地锻炼来加强自己对职业的认知。另一方面，也要从本地区和具体就业区域的角度来评估就业形势。因为大学生选择职业除了考虑职业自我属性、职业类型外，还必须考虑职业社会生态环境的差异，即组织、地区差异等因素对职业选择的影响。

3. 确定目标环节应坚持理想与现实相结合的原则

职业生涯目标是指可预期到的、有一定实现可能的规划目标，包括人生目标、长期目标、中期目标和短期目标。这是职业生涯规划的核心内容，决定着个人职业发展的方向，也是制定方案、采取措施及最终实现的目标。要在自我评估、外部环境分析的基础上，选择适合自己的职业方向，确立职业生涯发展目标。

理想是指引人生前进的方向和目标，能够为人的拼搏和奋斗提供强大动力和支持。所以，确立一个值得为之努力的职业理想是职业生涯规划的关键。众多成功者的经验表明，人生是需要规划和设计的。正是由于时间有限、环境多变，大学生才需要确立职业理想，把有限的时间和精力用到最需要的地方去，从而获得事业的成功。

在确定职业目标时又不能好高骛远、不切实际。大学生由于缺乏对行业、职位详细信息的了解，体验不到真实的职业环境，经常把目标定的有些理想化，而具体行动计划又经常脱离实际。大学生希望到待遇好、环境好的单位就业，这无可厚非，但应该根据实际情况对就业地域、单位属性、工资薪酬、职业目标等做出合理调整，以适应现实社会的发展变化。

4. 实施计划环节应坚持学习与实践相结合的原则

在确定职业生涯目标后，行动便成了关键的环节。这里的行动，是指落实目标的具体措施，主要包括学习、工作、训练等方面的措施。行动计划由长期计划和短期计划组成，长期计划的实现有众多不确定因素，因此，大学生要根据自身实际情况和社会发展趋势，不断地设定新的可操作的短期行动计划。

知识的学习和积累是在校大学生的首要任务。良好的知识储备和专业技能水平是实现职业规划目标、顺利走上工作岗位、完成工作任务的前提和基础。因此，在实施职业生涯规划的过程中，不能仅仅重视职业工作能力的提高，还要重视知识的储备和专业技能水平的提高。

也有部分大学生特别重视学习，认为只要把专业知识、各种技能学好，就能找到好工作。比如有的大学生很注意英语要过四、六级，但是却忽视英语的实际应用能力培养，并且大多数学生很少重视进行与职业相关的社会实践。只有经过社会实践，比如通过寒暑假参加社会实践，才能知道自己的"所学"是不是将来的职业"所需"，自己能不能胜任工作。如果不能，那么在校期间应该尽快完善这方面的知识。因此，大学生有必要通过参加有益的职业训练，努力提高自己的综合能力，注意培养从事本行业岗位的基本能力和某些专业能力，即重点培养满足社会需要的创造能力、社交能力、实际操作能力、组织管理能力、自我发展的终身学习能力、心理调适能力等。

5. 反馈调整环节应坚持稳定与变化相结合的原则

当今社会处于激烈的变化过程中，职业生涯规划要根据社会环境的不断变化而不断反馈调整。大学生职业生涯规划中的反馈调整，主要包括职业方向的重新选择、各阶段具体目标的调整细化、实施措施与计划的修正等。因此，反馈调整是一个对自我、对社会、对职业的重新认识、重新发现、重新定位的过程，并且这种重新认识、发现、定位必须根据社会发展的需要和自身的发展及时变化调整。

职业生涯规划是关系一个人一生发展的重要设计。从开始的评估自我、分析环境，到确定目标、实施计划，一般都经过了认真和慎重的考虑。因此，除非是出于特殊原因或者发生意外事件，职业生涯规划一旦确定下来就应尽量保持稳定，尽可能不要做大的变动和调整。否则，就要重新花费精力去分析评估一系列的相关因素，重新确定目标，甚至推翻之前已经取得的成绩。

二、职业生涯规划的方法

（一）PPDF 法

PPDF 法的英文全称：Personal Performance Development File，中文意思是"个人职业表现发展档案"，即个人职业生涯发展道路。个人的职业生涯发展计划基本上有以下三个方向。

1. 纵向发展，即员工职务等级由低级到高级的提升。

2. 横向发展，指在同一层次不同职务之间的调动，如由部门经理调到办公室任主任。此种横向发展既可以发现员工的最佳发挥点，同时又可以使员工自己积累各个方面的经验，为以后的发展创造更加有利的条件。

3. 向核心方向发展，虽然职务没有晋升，但是担负了更多的责任，有了更多的机会参加单位的各种决策活动。

以上这几种发展都是个人发展的机会，也会不同程度地满足员工的发展需求。

PPDF 是对员工工作经历的一种连续性的参考。它的设计使员工的主管领导对该员工所取得的成就，以及员工将来想做些什么有一个系统的了解。它既指出员工现在的目标，也指出员工将来的目标及可能达到的目标。同时，它还帮助员工在实施行动时进行认真思考，看是否非常明确这些目标，以及应具备的能力和条件。

PPDF 是两本完整的手册。当员工希望去达到某一个目标时，它提供了一个非常灵活的档案。将 PPDF 的所有项目都填好后，交给直接领导一本，自己留下一本。单独地和信任的领导一同探讨自己该如何发展、奋斗。

PPDF 的主要内容包括以下三点。

1. 个人情况

（1）个人简历。包括个人的生日、出生地、部门、职务、现住址等。

（2）文化教育。初中以上的校名、地点、入学时间、主修专题、课题等。所修课程是否拿到学历，在学校负责过何种社会活动等。

（3）学历情况。填入所有的学历、取得的时间、考试时间、课题以及分数等。

（4）曾接受的培训。受过何种与工作有关的培训（如在校、业余还是在职培训）、课题、形式、开始时间等。

（5）工作经历。按顺序填写以前工作过的单位名称、工种、工作地点等。

（6）有成果的工作经历。填写以前有成绩的工作，不要写现在的。

（7）以前的行为管理论述。填写对工作进行的评价，以及关于行为管理的事情。

（8）评估小结。对档案里所列的情况进行自我评估。

2. 现在的行为

（1）现时工作情况。填写现在的工作岗位、岗位职责等。

（2）现时行为管理文档。填写现在的行为管理文档记录，可以在这里加一些注释。

（3）现时目标行为计划。设计一个目标，同时列出和此目标有关的专业、经历等。这个目标是有时限的，要考虑到成本、时间、质量和数量的记录。

（4）如果有了现在的目标，它是什么？

（5）怎样为每一个目标设定具体的期限。填写和上司谈话的主要内容。

3. 未来的发展

（1）职业目标。在今后的 3 ～ 5 年里，准备晋升到什么位置。

（2）所需要的能力、知识。为了达到目标，应该拥有哪些新的技术、技巧、能力和经验等。

（3）发展行动计划。为了获得能力、知识等，准备采用哪些方法和实际行动。其中哪一种是最好、最有效的，谁对执行这些计划负责，什么时间能完成。

（4）发展行动日志。填写发展行动计划的具体活动安排，所选用的培训方法。如听课、自学、所需日期、开始的时间、取得的成果等。同时，还要对照自己的行为和经验等，填写从中学到了什么。

参照上述办法，大学生可以为自己的职业生涯设计一个 PPDF，每隔一个月或半年对照一次，看看执行与实现的情况如何，以便及时进行调整。

（二）五个“W”法

职业生涯规划的五个“W”法与第三章讲解的职业生涯决策的“5W”法在本质上是相同的，即有关五个“W”的归零思考模式：从“我是谁”开始，然后依次问下去，共有 5 个问题。通过问答这 5 个问题，找到它们之间的最高共同点，这时就有了自己的职业生涯规划。二者的区别只在于具体的问题有所不同。

1. 我是谁（Who am I）？

我是谁？是指对自己进行一次深刻的反思，想想自己到底是怎样的一个人，最好把自己的优势和劣势都列出来进行分析。

2. 我想做什么（What will I do）？

我想做什么？是对自己职业发展的一个心理趋向的检查。每个人在不同阶段的兴趣和目标并不完全一致，有时甚至是完全对立。随着年龄的增长和经历的增多而逐渐固定，并最终锁定自己的终生理想。

3. 我会做什么（What can I do）？

我会做什么？是对自己能力与潜力的全面总结。一个人职业的定位最根本还是归结于他的能力，而职业发展空间的大小则取决于自己的潜力。对个人潜力的了解应从兴趣、执行力、判断力和知识结构等方面去认识。

4. 环境支持或允许我做什么（What does the situation allow me to do）？

环境支持或允许我做什么？是对环境支持的了解，包括主观和客观两方面：主观方面包括同事关系、领导态度和亲戚关系等；客观方面包括经济发展、人事政策、企业制度和职业空间等。两个方面要综合起来分析。个人在做职业生涯规划的时候，常常会忽视主观方面的积极影响，不能将一切有利于自己发展的因素充分调动起来，从而影响自己的职业发展。

5. 我的职业与生活规划是什么（What is the plan of my career and life）？

我的职业与生活规划是什么？是最终的职业方向。在明晰前四个问题后，找出对实现目标的有利和不利条件，列出不利条件最少，自己想做而又能够完成的职业目标，就会对职业方向有一个清晰的框架。当然，计划赶不上变化。要使职业生涯规划行之有效，就须不断地对职业生涯规划进行评估与调整。

案例分享

一位应届毕业生的“5W”法规划

我是谁（Who am I）？

某重点高校计算机专业毕业生；优秀学生干部；学业成绩优秀，英语过国家六级；辅修过心理学、管理学；参加过高校演讲比赛，拿过名次；家庭经济状况一般，属于既不很富裕也不拮据的那种家庭，父母工作稳定，身体健康，暂时还不需要有人特别照顾；自己身体健康；性格不属内向，但也不是特别活跃，喜欢安静。

我想做什么（What will I do）？

很想成为一名老师，这不仅是儿时的梦想，而且比较喜欢这种职业；可以成为公司的一名技术人员；如果出国读管理方面的硕士，回国成为一名企业管理人员也是可以接受的。

我会做什么（What can I do）？

做过家教，虽然不是自己的专业，但与孩子交流有天生的优势，做家教时当学生成绩进步时很有成就感；当过学生干部，与同学们相处较好，组织过几次有影响的大型活动；实习时在公司做过一些开发，虽然没有大的成就，但感觉还行。

环境支持或允许我做什么（What does the situation allow me to do）？

家里亲戚推荐去一家公司做技术开发；GRE考得还可以，已经申请了国外几所高校，但能不能有奖学金还很难说，况且现在签证比较困难；去年曾有几家学校来系里招聘教师，但不是当老师，而是要去学校做技术维护，今年不知会不会有学校再来招聘教师；有同学开了一家公司，希望自己能够加盟，但自己不了解这个公司的具体业务，也不知道它有多大的发展前途。

我的职业与生活规划是什么（What is the plan of my career and life）？

有四种可能：第一，到一所学校当老师。自己有这方面的兴趣和理想，知识和能力不欠缺；不足的是缺乏作为一名教师的基本训练及一些技巧，但可逐步提高。第二，到公司做技术人员，收入较高。但此行业起伏大，须随时进行知识更新，压力大，信心不足，兴趣也不大。第三，去同学的公司，丢掉专业从最底层做起。风险大，与自己求稳的心理性格不符，同时家庭也会有阻力。第四，如愿获得奖学金，出国读书回国后还是去做一名企业管理人员。不确定因素较多，且自己可把握性较小，自己始终处于被动状态。

单纯从职业发展上看，以上四种选择都有其合理性，但如果从个体而言，第一种选择显然更符合其本人的职业取向。从心理学上看，选择第一种能够使得其得到最大的满足，工作也最容易投入，做出一定的成绩后会有很大的成就感。从职业前途看，教师这个职业也日益受到社会的尊重，社会地位呈上升趋势。从性格上看这种职业也比较符合个人的职业取向。主要困难是非师范生进入这个职业的门槛比较高，如果能够确定自己的最终目标后努力去弥补与师范生在职业技巧方面的差距，那么实现自己的职业理想将为时不远。

（资料来源：金德禄．大学生职业生涯规划与就业指导[M]．南京：东南大学出版社，2020.）

（三）斯温的生涯规划模式

斯温是美国伊利诺伊大学的教授，他于 1989 年提出了自己的生涯规划模式，旨在帮助大学生为自己的生涯做出一个良好的规划。

如图 4–2 所示，斯温的生涯规划模式主要包括四个部分，即三个三角形和一个圆。中间的圆形是此模式的核心部分，表示一个人所要达到的生涯目标，而这一目标的设定又深深受到周围三个小三角形的影响，三个小三角形分别表示：自己；教育与职业的咨询；自己与环境的关系。斯温认为这三个方面在生涯规划中同等重要。

每一个小三角形又包含着丰富的内容，都是进行生涯探索和规划的重点。生涯抉择是指圆形和三角形之间的联结点，由生涯抉择形成最终的生

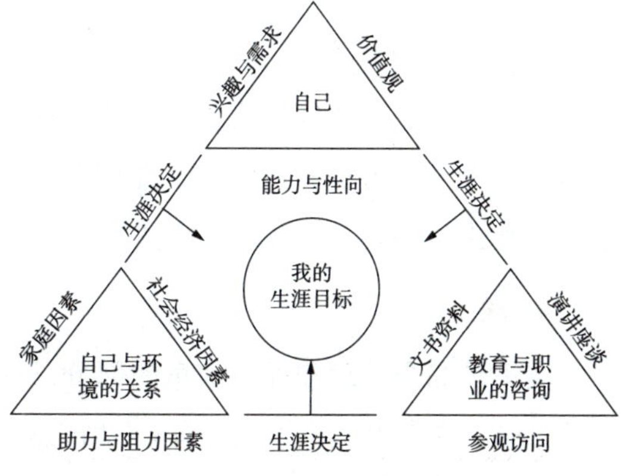

图 4–2　斯温的生涯规划模式

涯目标。这一生涯规划模式为进行个人职业生涯规划提供了一个良好的参照框架和思考方向。

（四）系统化生涯规划法

具体而言，一个系统的生涯规划应当包括觉知与承诺、自我探索、探索工作世界、决策、求职行动和再评估 / 成长六个步骤（如图 4–3）。

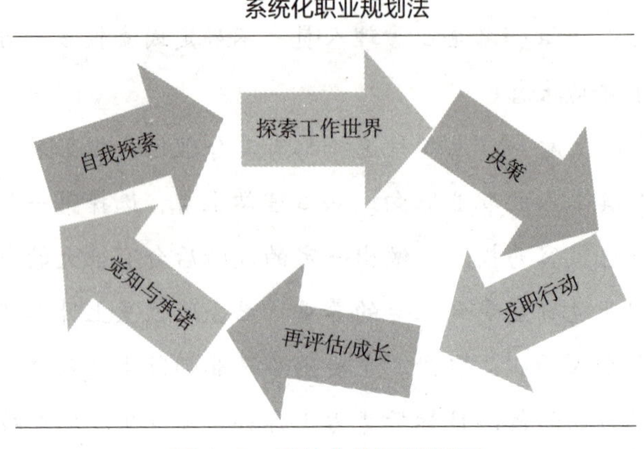

图 4-3　系统化生涯规划图

1. 觉知与承诺

觉知与承诺阶段，要理解生涯规划的重要性和作用，并愿意花时间来规划自己的生涯。但需要提醒的是，生涯规划是一个过程，是一种面对生涯发展的态度，它未必能立竿见影，就好像播下的种子，未必能马上发芽一样。所以，对生涯规划要有合理的预期。

2. 自我探索

系统化的生涯规划是一个“由内而外”的过程。因此，在生涯规划时，首先要认识自己，诚实地自问：个人有哪些人格特质？兴趣是什么？哪些东西是生命中不能缺少的？最看重什么？有哪些技能是与众不同、赖以为生的？

3. 探索工作世界

工作世界信息和自我信息是生涯规划中重要和基础的部分。对工作世界的了解，具体包括职业的分类和内容、专业与职业的关系、工作世界的宏观发展趋势、具体职业对工作人员的要求、条件、待遇和继续教育方面的选择等。

4. 决策

决策是综合整理和评估信息的部分，在决策时有可能因信息不全而重新回到前面两个步骤。具体内容包括综合与评估信息、目标设立与计划、处理决策过程中的各种问题（生涯信念、障碍等）。

5. 求职行动

求职行动是将全部的探索和思考落实的阶段。要通过行动来实现自己设立的工作目标，通常包括具体的求职过程、制作简历、面试。为了方便学习，一般将生涯规划人为割裂成前后不同的步骤，但无论哪个步骤，自我和外部信息的探索都不会停止，不要忽略这些部分带给自己的新启示。

6. 再评估 / 成长

当在实践中迈出第一步，进入工作世界时，随着外部环境的变化，或许会继续沿着过去的规划前进，或许发现过去规划已不适合自己，或者发现过去的规划并不尽如人意。这就需要再次进行生涯探索，修改生涯规划，所以说生涯规划是一个循环过程，需要一辈子来探索。

（五）职业生涯愿景模型法

个人愿景是发自个人内心的，是一个人真正最关心的、一生最热切渴望达成的事情，它是一个特定的结果，一种期望的未来或意想。当为一个自己认为至高无上的目标献出无限心力的时候，它就会变成一种自然的、发自内心的强大力量。

1. 职业生涯愿景的类型

愿景有多个方面，有物质上的愿望，也有关于个人健康、自由方面的愿望，还有对社会贡献方面，以及对某领域知识的贡献等，所有这些，都可以成为人们心目中真正愿望的一部分。总的来说，个人职业生涯愿景主要包括以下几个方面。

（1）自我形象：自己希望成为什么样的人？假如可以变成自己向往的那种人，会有哪些特征？

（2）有形财产：希望拥有哪些物质财产？希望拥有多大的数量？

（3）家庭生活：在自己的理想中，未来的家庭生活环境是什么样子？

（4）个人健康：对于自己的健康、身材、运动以及其他与身体有关的事情，有什么期望？

（5）人际关系：希望与自己的同事、家人、朋友以及其他人保持哪一种关系？

（6）职业状况：自己理想中的职业状况是什么样子？希望自己的努力可以发挥什么样的影响力？

（7）个人休闲：在个人的学习、旅游、阅读或其他的活动领域中，自己希望创造出什么样的成果？

在建立个人职业生涯愿景时，要注意学会把焦点放在全过程追求的目标上，而非仅放在次要的目标上，这样的能力是“自我超越”的动力。人在做自己真正想做的事情时，会精神焕发，并充满热忱；当遭受挫折的时候，会坚韧不拔，认为是自己分内该做的事，觉得很值得做，意愿很强大，效率也会自然提高。

2. 职业生涯愿景模型法的步骤

每个人都有自己的愿景，但在很多情况下，人们对自己的愿景往往是模糊的，或者是误解的，这样就会造成行动的盲目。因此，对于每个人来说，关键并不是如何建立个人愿景，而是如何理清个人愿景。清晰自己的职业生涯愿景的步骤有三个。

（1）想象实现愿景后的情景（假如自己得到了深深渴望获得的成果）：这到底是什么样的情景，自己怎样来形容它？自己的感觉如何？这种感觉是不是自己真正所想要的？

（2）形容个人愿景（想象正在达成自己一生最热切渴望达成的愿望，这些愿望会像什么样子）：请回顾在中小学时代、高中毕业时、大学毕业时的个人愿景，其中哪些愿景实现了，哪些还没有实现，原因是什么？这些愿望包括自我形象、有形的财产、感情生活、个人健康、人际关系、工作和个人休闲等。

（3）检验并弄清楚愿景（分步检视写下来的个人愿景所组成的清单和每个方面，从而找出最接近内心深处的层面）：如果现在就可以实现愿景，自己会接受它吗？假定现在就实现了愿景，这愿景能为自己带来什么？接受了它，自己的感受又是怎样？

第三节　职业生涯规划书的撰写

一、职业生涯规划书的类型

职业生涯规划书的格式是多样性的，常见的格式有下列四种。

（一）表格式

表格式的规划书常常仅写最简单的目标、分段实现时间、职业机会评估和发展策略等几个项目，有的只相当于一份完整的职业生涯规划书的计划实施方案表。这种规划书是不完整的职业生涯规划书，适合作为日常警示使用。

（二）条列式

条列式的规划书虽然具有职业生涯的主要内容，但是也仅作简单的表述，没有详细的材料分析和评估，文章简练，逻辑性和说理性不强。

（三）复合式

复合式的规划书是表格式和条列式的综合。

（四）论文格式

论文格式就是职业生涯规划以论文的方式表述出来。一份优秀的论文格式的职业生涯规划书，能够对一个人职业生涯规划做全面、详细的分析、阐述和论证，是最完整的职业生涯规划书。

二、职业生涯规划书的主要内容

（一）封面

职业生涯规划书的封面，通常包括班级、姓名、学号及日期等基本信息。

（二）扉页

职业生涯规划书的扉页，主要包括学生的姓名及基本情况介绍、规划年限、起止日期等信息。

（三）目录

职业生涯规划书的目录是基于正文中的标题生成的目录，通常是等正文内容完成后再生成。

（四）正文

1. 职业生涯方向和目标的设定

对人生目标做出抉择的职业生涯目标的设定，是职业生涯规划的核心。明确、正确的职业生涯目标是大学生职业生涯发展的关键。通常目标可以分为短期目标、中期目标、长期目标和人生目标。根据总目标的要求，将过程进行细化，对于每一阶段的目标，由大化小、由近及远、由抽象到具体，最终实现自身的职业目标。

2. 外部环境分析

近年来，随着社会的快速变迁、科技的日新月异、市场的竞争加剧，用人单位的要求越来越高，对大学生的发展产生了很大的影响。大学生假如能很好地利用外部环境，就有助于事业的成功。所以，在制订个人的职业生涯规划时，正确地分析外部环境的特点、环境的发展变化情况、自己与环境的关系、环境对自己提出的要求、环境对自己有利与不利的因素等显得极为重要。只有对这些外部环境因素充分了解，调整好自身条件与客观条件的接洽度，才能做到在复杂的环境中趋利避害，化消极因素为积极因素，使职业生涯规划具有更强的实践性。

对大学生而言，外部环境因素评估主要包括组织环境、政治环境、社会环境和经济环境。

组织环境分析。只有了解了自己所处组织的人力资源需求、组织内部的人际关系、人事关系、考核奖励制度、组织的价值观念等，才能明智地选择一个适合自己发展的平台。

政治环境对个体的成长与发展的影响是极其深刻的。大学生在选择自己职业的时候，必须考虑国家当前的政治格局、政治制度、法律制度及政策状况等。

社会环境方面需要大学生应对自己面对的社会大环境进行正确的分析：当前的就业形势、社会热点职业及其人才需求状况，局部地区的行业发展和职场需求，国家支撑的大学生就业政策，所学专业的社会需求情况，自己所选职业在目前与未来社会中的发展趋势等。对于这些问题的客观分析，有助于在竞争激烈的社会中找到适合自己的职业，并使自己的职业规划更具有现实意义。

经济环境的主要因素是市场状况、经济状况以及竞争势态等。从宏观上来看，随着我国经济的发展和科学技术的进步，经济增长方式的转变，产业结构的调整，区域经济发展的不平衡现状，都关系到当前大学生的职业选择。由于区域性经济发展状况的不平衡性，经济发展速度快的地区成为大学生择业的热点，如我国的东部沿海、长江三角区、珠江三角区等，这就增加了就业的难度。因此，大学生要认识到客观经济环境对就业的直接影响，充分发挥主观能动性，克服客观环境的不利因素，主动适应社会需要。

3. 自我评估

一个有效的职业生涯规划，必须在充分且客观地认识自己、了解自己的基础之上进行。自我评估就是指要全面、客观地自我剖析，充分了解自身的优缺点。自我评估应包括自己的职业价值观、兴趣、学识、技能、智商、情商、思维方式、道德水准等，要将自我认识和他人评价相结合。

对于自我客观评价，应是全方位的。评估自我的过程，既是学习的过程，也是成长的标志。尽管自我评估显示出某类特定职位与自己的兴趣、技能、价值观相符，但这并不意味着就是最终的选择，同样需要做更进一步的探索。

4. 行动计划与措施的制定

在确定了职业生涯目标后，接下来便是如何在实际行动中去践行自己的计划，把目标转化成具体的方案和措施，分阶段进行。没有达成目标的行动，目标就难以实现，也就谈不上事业的成功。这里所指的行动，是指落实目标的具体措施，采取何种途径来达成目标。认真考虑自己选择的方法、制订的步骤、所需的资源，并给自己规定出完成的截止日期。凭借制订行动计划，成功地实现短期目标，能增强制订长期计划的信心。行动计划由长期和短期两部分组成，长期计划的实现有众多不确定因素，因此，大学生要根据自身实际情况和社会发展趋势，不断地设定新的可操作的短期目标。比如大学一年级应该怎么做，力求实现怎样的短期目标；二年级又该执行什么方案，本年级结束时需要达到预期效果；毕业当年有什么具体举措，如何向自己的初次择业的方向和目标靠拢等。实现目标可以采取主要包括工作、培训、教育等方面的措施。

5. 评估与反馈

职业生涯规划不是一蹴而就的，而是动态的，需要在实际操作过程中不断调整。影响职业生涯规划的因素很多，对于碰到的问题和变化的环境，需要结合实际情况及时调整发展规划，不断对职业生涯规划进行评估，修正职业生涯目标。调整职业生涯策略生涯评估与反馈是指在实现职业目标的过程中有意识地收集相关信息和评价，不断地总结经验和教训，自觉地修正对自我的认知，适时地调整职业目标。对大学生来说，反馈修正的主要内容包括职业方向的重新选择、各阶段目标的修正、实施措施与计划的变更等。

总之，大学生职业生涯规划不仅是一个复杂的目标制定方式，还是一个需要科学的方法，并持之以恒，才能达到预期目标的激励过程。

如何制定行动计划达成目标

案例分享

职业生涯规划书模板

一、封面

职
业
生
涯
规
划
书

班级：

姓名：

学号：

日期：

二、扉页

扉　页

个人资料：
真实姓名：
笔　　名：
性　　别：
年　　龄：
籍　　贯：
学　　校：
学　　院：
班　　级：
专　　业：
学　　号：
联系地址：
邮　　编：
联系电话：
电子邮箱

三、目录

目　录

四、正文

一、自我分析

对自己进行全方位、多角度的分析。

（1）职业兴趣——喜欢干什么。

（2）职业能力——能够干什么。

（3）个人特质——适合干什么。

（4）职业价值观——最看重什么。

（5）胜任能力——自身优势、劣势是什么。

自我分析小结。

二、环境分析

对于影响职业选择的相关外部环境进行较为系统的分析。

（1）家庭环境分析，如经济状况、家人期望、家族文化等。

（2）学校环境分析，如学校特色、专业学习、实践经验等。

（3）社会环境分析，如就业形势、就业政策、竞争对手等。

（4）职业环境分析。

①行业分析，如××行业现状及发展趋势，人和行业匹配分析。

②职业分析，如××职业的工作内容、工作要求、发展前景，人和岗位匹配分析。

③企业分析，如××单位类型、企业文化、发展前景、发展阶段、产品服务、员工素质、工作氛围等，人和企业匹配分析。

④地域分析，如××工作城市的发展前景、文化特点、气候水土、人际关系等，人和城市匹配分析。

职业分析小结。

三、职业定位

综合第一部分（自我分析）及第二部分（职业分析）的主要内容，得出本人职业定位的分析。

内部环境因素	优势因素	劣势因素
外部环境因素	机会因素	不利因素

结论：

职业目标	将来从事（××行业的）××职业
职业发展策略	举例：进入××类型的组织（到××地区发展）
职业发展路径	举例：走专家路线（管理路线等）
具体路径	举例：××员初级××中级××高级××

四、计划实施

计划实施一览表：

计划名称	时间跨度	总目标	分目标	计划内容（参考）	策略和措施（参考）
短期计划（在校计划）	20××—20××	毕业时达到……	如：第一年要达到……第二年要达到……或在 ×× 方面要达到……	如专业学习、职业技能培养、职业素质提升、职业实践计划等	如第一年以适应生活为主，第二年以专业学习和掌握职业技能为主，或为了实现 ×× 目标，我要……
中期计划（毕业后五年计划）	20××—20××	如毕业后第五年时要达……	如：毕业后第一年或第二年要……或在 ×× 方面要达到……	如职场适应、职场经验积累、岗位转换及升迁等	
长期计划（毕业后十年或以上计划）	20××—20××	如退休时要达到……	如毕业后第十年或第二十年要……	如事业发展、工作调整、生活关系、健康状况、心灵成长、子女教育、慈善投入等	

详细执行计划如下：

本人现正就读 ×× 专业 ×× 年级，我的计划是……

五、评估调整

职业生涯规划是一个动态的过程，必须根据事实结果的情况以及变化进行及时的评估与修正。

（1）评估的内容。

①职业目标评估（是否需要重新选择职业）。假如一直……那么我将……

②职业路径评估（是否需要调整发展方向）。当出现……的时候，我就……

③职业策略评估（是否需要改变行动策略）。如果……我就……

④其他因素评估（身体、家庭、经济状况以及机遇、意外情况的及时评估）。

（2）评估间隔：一般情况下，我定期（半年或一年）评估规划；当出现特殊情况时，随时评估并进行相应的调整。

六、结束语

（资料来源：赵世磊，吴梦军．大学生职业生涯规划［M］．北京：北京理工大学出版社，2022.）

案例分享

一名大学生的职业生涯规划

一、序言

铁匠锤打铁砧，铁砧也锤打铁匠。海蛤的壳在棕黑深邃的海洋里变成，人的心灵也受到生命历程的染色，只是所受的影响奥妙复杂，不易为人觉察而已。所以正如英国哲学家罗素所说，选择职业，就是选择将来的自己。

选择职业是人生大事，因为职业决定了一个人的未来。今天站在哪里并不重要，但是下一步迈向哪里却很重要！凡事预则立，不预则废。人生成功的秘密在于机会来临时，已经准备好了！迈入社会，走向职场的第一步前要充分认识自我，做好人生的第一份职业设计显得非常必要。

通过系列的测评、自我评估、职业探索和求职能力的分析，最终，确立了自己的职业目标，制定了合理的职业规划，并坚信将会获得理想的职业和成功的人生。

二、自我评估

“自知者智，知人者明”，只有认清了现在的自我和潜在的自我，才能科学地规划自己的职业生涯。而我也充分相信，通过老师、同学的反馈和这次测评的结果分析，再加上自己的努力与思考，一定会得出一个真实的自我。

（一）个人基本资料

姓名：王某某

政治面貌：团员

专业：公共事业管理

年级：大二

所在院校：中国海洋大学

座右铭：奋斗不息，笑对人生。

（二）人才测试前心目中的最理想职业（按顺序）

第一，公务员；第二，学校行政人员；第三，企业管理人。

（三）人才测评结果

1. 职业能力特征

优势：能对文字信息进行处理和整合，分析、归纳，并做出逻辑判断，具有一定的逻辑推理能力，在此方面显示出一般的职业适应性。对词语、句子含义的理解较为确切，善于学习新的概念，在文字信息的理解和加工方面表现出较强的优势，在此方面，显示出具有较强的职业适应能力，具有较强空间知觉能力，善于凭思维想象几何形体，能够准确想象三维物体的二维表现形态，能够熟练地在头脑中对图形进行旋转操作，具备识别由物体的空间运动造成的各种关系的能力，在绘图、读图等类似职业活动中具有明显的优势。

劣势：注意的持久性、稳定性和抗干扰性水平较差，不善于将注意力保持在进行的任务上，比较容易受到无关因素的干扰，保持高度集中、做事专注的工作能力有待加强。有一定的统计图表理解能力和综合分析能力，能以一般的熟练程度处理图表形式的统计资料，在一定程度上基本能够把握关键信息。

2. 职业人格特征

在获取信息时倾向于抽象的信息，并对其间的逻辑关系进行分析；在考虑问题时倾向于从整体的角度入手，把握宏观的意义。对自己的能力有一定的信心，但偶尔也会为自己担忧，和他人交往略有顾虑，主动性表现不明显，对自己的整体评价一般。在与人沟通和交往方面不够擅长，更喜欢一个人完成任务，做事在更多情况下是兴趣所致，不一定有既定的目标和规划。

3. 职业兴趣特征：高人际、高数据

测试结果：人际事物 0.85，数据观念 0.70。

对与人和数据打交道的工作活动比较感兴趣，喜欢从事通过与别人交流获得数字和文字信息的工作。适合的职业概述（举出部分）：工会负责人，企业经理，其他团体及其工作机构负责人，科研单位负责人，高等学校校长，妇女联合会负责人，中等职业教育学校校长，中小学校校长，中国共产主义青年团负责人，其他单位负责人，企业职能部门经理或主管等。

（四）个人分析

1. 个人职业规划分析

把测试前自己心目中最理想的职业来跟测评结果作对比，基本上一致，也可以看出目前自己对个人情况和职业目标的了解还是比较深入的。本人的专业是公共事业管理，与公务员、公共事业单位管理者、学校行政负责人等这些职位相对应，这些职位对个人来说算是专业对口。只可惜测试没列出公务员职位，个人觉得自己也很适合当公务员。

2. 职业能力特征分析

我是个文学爱好者，语文水平不错，对文字信息的理解和归纳较好，逻辑推理思维能力比较强，想象力也很丰富。但注意的持久性、稳定性和抗干扰性水平较差，较容易受到外界的影响，缺乏做事专注的工作能力。

3. 职业人格特征分析

此项结果分析说明我的自信心不强，很容易被残酷的现实所打垮。在人际关系方面，我的自信心是不稳定的，被动性也表现得非常明显。个人的人际交往能力、沟通谈话能力有待提高。个人做事并不是任何时候都有特定的目标，有时候把目标列了出来，却没按目标的方向前进，反而去干其他与目标无关的事。

4. 职业兴趣特征分析

这项测试结果与自己的现实情况对比，其正确率低于60%。我对数据有点恐惧，因为数学一向是我的弱项。我非常喜欢和人打交道，希望交到很多的朋友，积累更多的人脉，有助于交际能力的提高。

三、知彼——职业机会

（一）大学生的就业形势

当前，大学生就业竞争越来越激烈，形势越来越严峻。而用人单位对人才的要求也越来越高，这在一定程度上增加了大学生的就业难度。

（二）公共事业管理专业的培养方向

业务培养目标：本专业培养具备现代管理理论、技术与方法等方面的知识以及应用这些知识的能力，能在文教、体育、卫生、环保、社会保险等公共事业单位行政管理部门从事管理工作的高级专门人才。

业务培养要求：本专业学生主要学习现代管理科学等方面的基本理论和基本知识，对一般管理方法、管理人员基本素质和基本能力进行培养和训练，掌握现代管理理论、技术与方法，能从事公共事业单位的管理工作。具有规划、协调、组织和决策方面的基本能力，具有定量分析和应用计算机的技能，具有进行质量管理、数据的收集和处理、进行统计分析的基本知识和能力，熟悉有关的法律法规、政策制度，具有较强的社会调查和写作能力，具有初步的科学研究和实际工作能力。

四、个人的SWOT分析

现在结合个人的具体情况，包括本人的毕业院校、学历、专业、学业、个人特长、获奖情况、社会工作经验和职位意向来进行SWOT分析。

（1）优势：首先，在学校和专业上具有优势。中国海洋大学是国家“211工程”重点高校，是国家重点本科大学。目前中国普遍缺少公共事业部门的高级管理人才，而且这个专业的就业范围比较广，既可以在学校、公共事业单位、政府部门找工作，也可以在公司企业找工作。其次，本人优良的学习成绩也可以成为有力的“敲门砖”。再次，在个人特长方面，本人的语文水平和写作能力比较好，曾多次担任过高三学生的家教老师，使学生的语文成绩提高了三十多分，可以担任语文教师、企事业单位文员。最后，在能力锻炼方面，我担任过班里的宣传委员、学院学生会学习部干事、社团的部长，也曾多次上讲台讲课，博得同学们的热烈掌声和老师的称赞。基于本专业的培养方向，修完本专业后会掌握公共事业管理知识，并具备一定的在公共事业单位行政部门从事管理工作的能力。

（2）劣势：首先，性格不够活泼开朗，人际交往主动性不强，人际交往能力有待提高。其次，口才有待提高，沟通能力不够强。再次，没担任过什么大职位，管理能力需要锻炼。最后，自身所具备的素质与管理者的素质还有一定的差距，有待提高。

（3）机会：要抓住国家需求高级公共事业管理人才这个机遇，学好本专业，努力增加这方面的工作经验，找机会到公共事业单位去实习，为以后找工作打基础。近几年来，国家公共事业单位管理工作的职位需求量越来越大，这就提供了一个很大的机遇。

（4）威胁：首先，公务员考试竞争激烈，难度很大。其次，如果考不上公务员，单凭专业文凭，很难找到管理类工作，而且公共事业管理人员这个职位竞争激烈，压力大。

（二）环境分析中的问题

1. 对就业形势的评估缺乏针对性

对就业形势的评估，只是从宏观的角度来分析，没有具体到所在地区的实际就业形势，缺乏针对性。

2. 对行业、职位了解的途径单一

大部分是通过互联网对行业、职业进行了解，认识渠道比较单一，还应通过多种途径，例如报纸、人才招聘会、行业展览会、专业协会、生涯人物访谈（访谈毕业的师兄师姐、在职人员以及该行业的领军人物、资深的职业生涯规划师）、校友会和实际接触等。

（三）职业生涯目标设定中的问题

1. 目标设立过于理想化

很多美好的愿望，看起来非常不错，可一旦归于现实，却成了空中楼阁，无法实现。由于缺乏对行业、职位、就业形势等详细信息的了解，体验不到真实的职业环境。目标的订立通常过于理想化，会导致择业中眼高手低，结果反而是欲速不达。最好根据自己的专业知识做出职业规划，最重要的是抱着积极而又务实的心态，从一点一滴做起。

2. 制定职业目标定位分析不明

不了解选择职业目标的原因和达到目标的途径，缺乏应有的能力。在职业目标定位时，并没有把自己的专业技能与企业所需的职业能力对应起来，造成专业与职业相脱节。当然，现实中专业与职业不对口的情况在一定程度上存在，但要具体分析自己所要从事的职业，就要考虑自己在大学时期有没有这方面的知识储备、有没有从事这份职业的能力。所以，在设定目标时不能仅凭个人喜好做出重大决定。

（四）行动计划与措施制定中的问题

1. 忽视计划的可操作性

职业规划多是从互联网搜索得来的，没有请教在职人员来描述职业的实际经历。制订行动计划时模糊，没有确定时间安排，没有社会实践的确定地点、计划读的具体书籍，行动计划往往过于笼统，重整体，轻细节，缺乏可操作性。

2. 注重专业课的理论学习，轻实践

应该多和职场人士沟通、交流，获取足够的行业、企业和职位信息，以保证职业规划的现实性和可操作性。结合自己的测评报告，发挥长处。

（五）评估与反馈中的问题

只注重计划的制订、实施，而轻视评估与反馈这两个步骤。对于计划实施中反映出来的问题往往忽略不计，也没有对今后应该如何修正等问题做出分析。只是提到如果未能按原计划实行，那么就从事别的工作，而且没有说明为什么要放弃这个计划、为什么要选择另一份职业。

五、职业目标

（一）短期目标（本学期至大四上学期计划）

这段时间主要是完成自己的学业和培养求职能力。

完成职业生涯规划；认真复习本学期的课程及通过考试；按计划完成毕业论文；根据求职能力测评报告，努力克服自己的求职弱点，有意识地培养自己的求职能力；拿到一份职业资格证书；找到一份比较合适的工作（兼职、实习职位也可）。

（二）中、长期目标

（下列职业目标按照选择的先后顺序依次排列，如果前面的目标没实现，将考虑后面的）

1. 职业目标：考公务员（大四）

在大四考公务员，要考的城市定在青岛和滨州。职业路线：一般公务员→高级公务员（工作5～8年后）→成为一个一专多能的人才（工作10年后）。

2. 职业目标：在环保局工作

职业路线：一般的工作人员→科长（工作5年后）→办公室主任（工作8年后）→副局长（工作15年后）→局长（工作20年后）。

3. 职业目标在学校做行政人员

职业路线：基层行政人员→年级部主要负责人（工作5年后）→教务处主任（工作10年后）→副校长（工作15年后）→校长（工作20年后）。

4. 职业目标：在公共事业单位工作（文化、卫生、公共交通等）

职业路线：基层文员→业务骨干（工作5—8年）→科室负责人（工作8年后）→高级管理人才（工作15年后）。

5. 职业目标：进入企业工作

职业路线：基层文员、销售员→业务主管（工作5年后）→中层管理者（工作8年后）→高层管理者（工作10年后）。

六、执行——行动计划策略

整体策略：首先，将工作地点定在山东省比较发达的城市（如青岛、烟台、威海等）；其次，会考虑不够发达的城市（如临沂、莱芜等）。考公务员是这样，找工作也要这样。

行动计划及策略：

1. 职业目标1的行动计划及策略

（1）在大三争取成为党员（党员对公务员面试有所帮助）。

（2）在大二暑假期间开始准备公务员考试资料，做公务员笔试试题。争取在大四考公务员前熟悉公务员考试题型，做到胸有成竹。

（3）尽量向已经考取公务员的师兄师姐取经。

2. 职业目标2、3、4的行动计划及策略

（1）争取在毕业前掌握好本专业知识，多看些有关本专业的著作，使自己对公共事业管理方面的知识有够深的认识。

（2）争取提高自己成绩的绩点，在大三这一学年拿到一等奖学金。

（3）工作后将所学知识运用到实际过程中，做到学以致用，为所在的单位作贡献。（其他目标略）

七、优化——评估、调整、反馈和修正

1. 评估

一个优秀的人才，要具有天赋的才能、丰富的经验和全面的综合的能力。除了一般的组织能力、领导能力、表达能力、自信力外，还必须具有以下能力。

（1）公正、忠信、坚定勇敢的意志力。

（2）对人性的正确、全面的了解以及广博的知识。

（3）亲和力和优秀的人际关系处理技巧。

（4）职业能力。

每三个月对自己的职业生涯做一次检测，看看自己达到什么样的程度，还有哪些是需要加强的，哪些目标是需要根据环境的变化而调整的。每次检查时间及结果（略）。

2. 调整

以国家机关单位型和管理型为中心，根据具体情况做调整，使自己最大可能地发挥出个人的特长，让职业生涯在调整中达到最优状态。

3. 反馈和修正

在实施职业目标的过程中，可能会遇到各种风险，这就要求在实施职业目标过程中不断地自我反馈信息并进行相应修正，以达到职业生涯的最优状态。

（资料来源：赵世磊，吴梦军．大学生职业生涯规划 [M]．北京：北京理工大学出版社，2022.）

第四节　职业生涯规划的评估与修正

一、职业生涯规划的评估与修正的目的

在职业生涯规划过程中，最后一个步骤是信息反馈。由于现实社会中不确定因素的存在，个人与原来制定的职业生涯目标有所偏差，这就要求自己不断地反省，并对规划的目标和行动方案做出修正，从而保证最终实现人生理想。从这个意义上说，反馈修正就是一个再认识、再发现的过程。时时注意内外环境的变化，不断地审视自我，不断地修正自我，不断地修正策略和目标，这个过程就是反馈，它可以确保个人生涯规划的有效性。

获得反馈信息后，常常要根据评估的结果进行目标和策略方案的修订。修订的内容包括：职业的重新选择、职业生涯路线的选择、阶段目标的修正、实施措施与行动计划的变更等。在这期间要做到谨慎判断，果断行动。谨慎判断就是无论变化多大，都要在厘清来龙去脉后再做判断；果断行动就是要在判断后立即采取行动，重新修订自己的生涯设计，从而保证职业生涯的健康顺利发展，最终实现人生的职业理想。通过反馈评估和修正，可以达到以下目的。

1. 对自己的强项充满自信。
2. 对自己的发展机会有一个清楚的了解（知道自己什么地方还有待改进）。
3. 找出关键的有待改进之处。
4. 为这些有待改进之处制订详细的行动改变计划。
5. 以合适的方式答复那些给予反馈的人，并表示感谢。
6. 实施行动改变计划，确保取得显著的进步和成就。

二、职业生涯规划的评估与修正的步骤

根据自身的实际情况，对自己的职业生涯进行了详细具体的规划，是具有可行性的。但是由于社会环境、家庭环境、就业环境和个人成长曲线等的变化以及各种不可预测因素的影响，一个人的职业生涯发展往往不是一帆风顺的。所以，大学生要在实践中定期为自己的规划做评估，及时做出相应的不可预测的修正。

（一）对职业生涯规划中可能出现的变化进行预测

例如：想考研，却不能如愿以偿地考取研究生，那该怎么做？①可以进一步学习国家公务员相关知识，力争考取国家公务员，到政府工作，做一名合格的政府官员。②也可以立即着手找工作。在拥有大学期间学习的专业知识和实习中所积累工作经验的基础上，寻找一家具有良好企业文化、一定发展前景、积极工作氛围的公司，在工作中不断积累工作经验、提升专业技能，并最终实现自己的目标。

又例如：如果不能顺利地签约自己梦寐以求的单位，个人就得另辟蹊径，寻找其他单位。根据实际情况认真工作，并结合自己的工作经历与经验，全面提高专业技能，为最终实现职业目标打好基础。

（二）制订出职业规划备选方案

制订职业规划备选方案，也就是根据对内外部环境变化以及职业生涯规划方案实施情况的预测，制订出另外的职业生涯发展路线，以应对未来可能出现的各种变化。职业规划备选方案如图 4–4 所示。

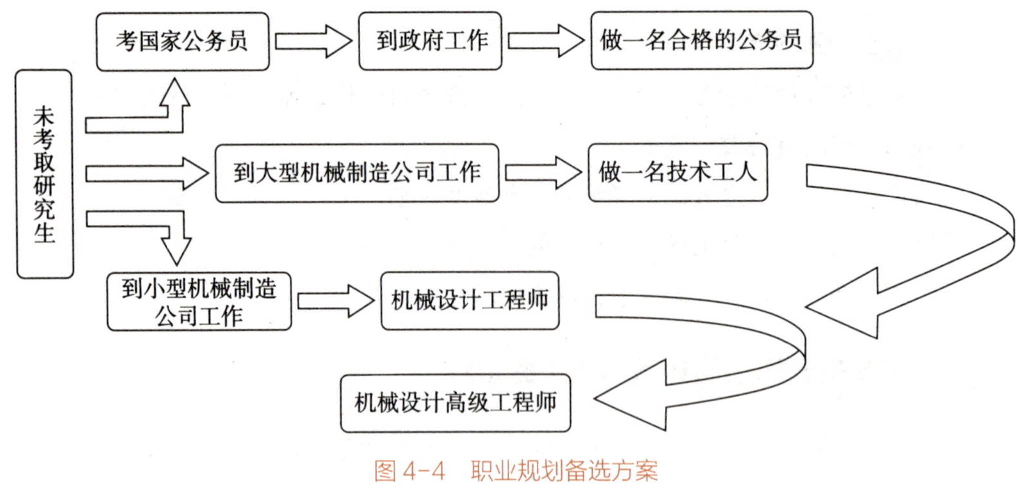

图 4-4　职业规划备选方案

三、职业规划修正的基本原则和方法

大学生在对职业规划进行修正时，应遵循以下三个基本原则。

一是适用性原则。使职业规划的制订与自己的实际情况、客观环境相符合，增强职业规划的可操作性。

二是实用性原则。对职业生涯规划进行修正时，要尽可能制订出较为详细的具体行动方案，使职业生涯规划明确而具体，能够顺利实现。

三及时性原则。要根据环境及自身条件的不断变化，及时修正职业规划和实施计划，保证职业生涯规划的时效性。在进行评估修正时，短期修正可以每月审视计划完成情况；中期修正按每 3 个月审视计划完成情况；中长期修正是每 6 个月审视计划完成情况；长期修正是每 12 个月审视计划完成情况。

对职业生涯规划实施的修正可运用滚动计划法进行，即近期的计划制订得较为详细具体，远期的计划制订得较为粗略笼统，随着时间的推移，逐年将职业规划向前滚动推进。首先，要侧重制订和实施可预见、易掌握的短期计划；当短期计划实现以后，将中期计划修正为短期计划，制订详细具体的行动计划，中长期计划转变为中期计划，并相应地制订出长期计划；然后，遵循规划评估的时间及时审视计划的完成情况，查找不足、及时修正，并补充新的能力学习，以修正、优化自己的职业生涯规划方案，最终实现职业目标。

思考与练习

1. SMART 原则的具体内容是什么？

2. 五个“W”法的具体内容是什么？

3. 大学生进行职业生涯规划的常用方法有哪些？

4. 结合自身实际，简要制定一个所处阶段的职业规划实施方案。

5. 为什么要对职业生涯规划进行评估与修正？

6. 职业生涯规划评估的方法有哪些？

7. 阅读以下材料并回答问题。

陈开3年前毕业于湖南某著名大学，除了有深厚的计算机知识外，还写得一手好文章，他认为自己很清楚人生的发展方向：自己一定要过浪漫、富裕和尊贵的生活，也制定了具体的职业生涯目标。

毕业后，陈开进了一家IT公司做编程员，可日复一日的枯燥工作让他那渴望浪漫、富裕和尊贵的心无法忍受。接着他跳槽到一家服装企业做经理助理，但助理的工作也十分烦琐，还不到一年半的时间，他又辞掉了工作。

然而，陈开并没有气馁，他静心分析了自己的性格、兴趣、气质、能力和价值观后，又结合自己周围的环境，最后选择了去当著名IT网站的专职网络编辑，工作环境清雅，工作压力不大，还可以应用以前的很多IT知识，并且还可以发挥自己的写作优势。

问题：根据陈开的工作经历，谈谈如果是你遇到同样的情况，会如何用职业生涯规划的反馈与修正的知识来解决问题？

8. 请选择一项个人认为有意义的体验活动，例如参加志愿者义工服务、参加社团活动、与家人一起出游、体验拓展活动、探访企业、开淘宝、影子实习……

根据体验的情况，请发挥创意，不拘任何形式（文字、照片等），将它做成纪录，与大家分享自己的收获与成长体会。

参考文献

[1] 赵雪政，余少军，余金保．大学生职业生涯规划与管理［M］．上海：上海交通大学出版社，2022.

[2] 李可依，毛可斌．大学生职业生涯规划与发展［M］．北京：北京工业大学出版社，2022.

[3] 李竹宇．认知自我与规划人生：大学生职业生涯规划与就业创业发展研究［M］．北京：北京燕山出版社，2021.

[4] 蒋德勤，俞浩，施培智．大学生职业生涯规划［M］．合肥：安徽大学出版社，2022.

[5] 许聪海，许书烟．大学生职业生涯规划与就业指导［M］．厦门：厦门大学出版社，2022.

[6] 傅赟．赢在校园：大学生职业生涯规划实用教程［M］．第 2 版．重庆：重庆大学出版社，2021.

[7] 袁敏．大学生职业生涯规划：职业生涯规划篇［M］．北京：北京理工大学出版社，2020.

[8] 刘玉升．大学生职业生涯规划：打通就业“最后一公里”［M］．苏州：苏州大学出版社，2021.

[9] 杨乐克．大学生生涯规划与自我管理［M］．北京：北京理工大学出版社，2020.

[10] 王健．大学生生涯规划理论与实务［M］．沈阳：东北大学出版社，2020.

[11] 储克森，姚晓峰．职业生涯规划与就业指导［M］．北京：机械工业出版社，2020.

[12] 宋建卫，杨洪瑞，魏金普．大学生职业生涯规划与就业指导［M］．北京：北京理工大学出版社，2021.

[13] 郭成良，范一媚，刘宝坤．大学生职业生涯规划［M］．郑州：河南人民出版社，2019.

[14] 张雪霞，李亚利．大学生职业生涯规划实训指导［M］．北京：北京理工大学出版社，2020.

[15] 陈少平．新时代大学生职业生涯规划［M］．厦门：厦门大学出版社，2020.

[16] 陈彩彦，兰冬蓉．大学生职业生涯规划［M］．北京：航空工业出版社，2018.

[17] 张惠典，陈欣．新时代大学生职业生涯规划教程 [M]．厦门：厦门大学出版社，2023.

[18] 杜辉，李本义，毛三艳，等．大学生职业生涯规划 [M]．武汉：武汉大学出版社，2022.

[19] 梁景，李翔，管晓涛．把握人生：大学生职业生涯规划及就业指导 [M]．北京：中国书籍出版社，2022.

[20] 彭彦华，彭海滨．大学生职业生涯规划：慕课版，双色版 [M]. 2 版．北京：人民邮电出版社，2022.

[21] 哈丽娜，张东升，陈兴广．大学生职业生涯规划项目化教程 [M]．上海：上海交通大学出版社，2022.

[22] 韩芳勤．扬帆启航：大学生职业生涯规划与就业指导 [M]．上海：上海交通大学出版社，2022.

[23] 肖祥，王迎春．大学生职业生涯规划与就业指导案例汇编 [M]．济南：山东大学出版社，2022.

[24] 党亚莲，董薇．大学生职业生涯规划 [M]．北京：清华大学出版社，2022.

[25] 单庆益，邬琰．大学生职业生涯规划与发展 [M]．北京：中国人民大学出版社，2022.

[26] 宋元明，赵明锴．大学生职业生涯：认知、规划与评估 [M]．北京：中国经济出版社，2022.